언제 가장 즐거웠니?

언제 가장 즐거웠니?

초판 1쇄 인쇄 _ 2022년 1월 10일
초판 1쇄 발행 _ 2022년 1월 15일

지은이 _ 김라미

펴낸곳 _ 바이북스
펴낸이 _ 윤옥초
책임 편집 _ 김태윤
책임 디자인 _ 이민영

ISBN _ 979-11-5877-279-6 03190

등록 _ 2005. 7. 12 | 제 313-2005-000148호

서울시 영등포구 선유로49길 23 아이에스비즈타워2차 1005호
편집 02)333-0812 | 마케팅 02)333-9918 | 팩스 02)333-9960
이메일 bybooks85@gmail.com
블로그 https://blog.naver.com/bybooks85

책값은 뒤표지에 있습니다.
책으로 아름다운 세상을 만듭니다. ― 바이북스

미래를 함께 꿈꿀 작가님의 참신한 아이디어나 원고를 기다립니다.
이메일로 접수한 원고는 검토 후 연락드리겠습니다.

일상 힐링 프로젝트

언제 가장 즐거웠니?

김라미 지음

바이북스
ByBooks

가장 즐거웠던 순간을 떠올릴 수 있나요?

난 첫 상담에서 울어 버렸다.

생각지도 않던 일이 내 눈앞에서 벌어졌다. 작은 말 한마디에 휘청했다.

"가장 즐거웠던 순간을 떠올릴 수 있나요?"라는 질문 때문이다. 말이 안 된다. 고작 그 질문이 뭐라고! 아직도 그 순간이 떠오를 정도로 나에겐 충격이었다. 이렇게 살아도 되나 하는 자괴감까지 들었다. 그날 이후, 상담을 진행하던 회의실에는 크리넥스 티슈가 비치되었다.

이 질문 하나에 내 삶의 의미를 찾고 행복한 삶을 살고 싶다는 숙제가 생겼다. 작은 것부터 해 보라는 조언을 주셨다. 너무 거창한 것 말고, 쉽게 할 수 있는 것을 찾아 보고 다음 시간에 이야기해달라고 했다. 점심을 먹고 가볍게 주변을 걸으며 생각했다. 내가 즐거웠던 적이 아예 없었던가? 아닌데. 그럼 난 뭘 좋아하지? 언제 즐거운 거지?

머릿속이 백지처럼 하얘지자 어린 시절부터 좋아했을 만한 것들을 떠올려 보기로 했다.

그림을 잘 그리고 싶었다. 책 읽기와 책 사는 것을 좋아했다. 조용히 앉아 책을 읽거나 끄적이는 한가한 시간을 좋아했다. 글과 그림은 오랜 시간 나에게 다가왔다 사라졌다.

그림은 늘 내 숙제처럼 여겨졌다. 벌써 10년 전 일이다. 온라인으로 연필 데생을 배웠다. 직장은 가까웠지만, 아이들이 어렸다. 직장과 가정 사이에 학원 갈 시간이 없었던 나는 온라인을 선택했다. 이젤이 펼쳐진 화실이 아니라 아파트 베란다에 나만의 공간을 만들었다. 아파트 베란다에 놀이방 매트를 깔고 쪼그려 앉아 그림을 그리던 나, 행복했다.

가장 즐거웠던 것이 떠오르지 않았을 뿐이다. 목마를 때 물을 마시듯, 내가 좋아하는 활동을 하며 내공을 쌓고 있었다!

위안이 되었다.

코로나 시대가 오기 전에 아이패드를 활용하여 그림을 그리는 수업을 온라인으로 들었다. 끊임없이 내게 힘이 되는 활동을 찾아내고, 활동을 이어오고 있다. 아이패드로 그림을 그려보고 싶었다. 1년이나 망설이다가 큰맘 먹고 아이패드를 사고, 온라인 드로잉 강좌에 등록했다. 아이 학원비였다면 1년이 아니라 하루 만에 덜컥 질렀을 것이다. 나를 위해 큰 지출을 하는 데에 그만큼 인색했다. 엄청난 투자였다.

반지수 작가님이 그리신 〈밤의 서점〉 그림에 홀린 듯 끌렸다. 불을 붙인 건 반지수 작가님의 클래스101 '일상에 따뜻한 숨결을 불어 넣어요, 반지수와 함께하는 아이패드 드로잉' 수업이다. 경계를 허물고

디지털 드로잉으로 넓히는 계기가 된 그림이자 수업이었다.

2019년 아이패드로 그린 디지털 드로잉 작품으로 인사동 경인미술관 '제24회 화동미전' 전시회에 참여했다. 화동미전은 1996년부터 매년 열리고 있는 고려대학교 서화회 졸업생의 동인 미전이다. 꼭 참여해 보고 싶은 전시회였다. 그간 작품 활동을 할 만한 자신이 없었다. 디지털 드로잉으로 용기를 냈다. 제24회 화동미전에서 내 그림은 나이 지긋하신 선배님들은 물론 대학 재학생들에게도 신선했다. 작품성보다는 표현하는 재료가 전통적인 방식의 그림이 아니어서였을까? '캔버스나 종이에 그리는 그림이 아닌 전자기기에 그림을 그려서 인쇄한 것을 출품하다니…'라고 하실 줄 알았다. 반응은 정반대였다. 진심으로 궁금해하시고 배우고 싶어 하셨다. 1960년대 학번 선배님께서 따로 연락을 주시기도 했다. 새로운 시도를 해 보고 싶어 하시는 선배님의 그림에 대한 열정을 느낄 수 있었다. 혼자 자기만족 속에서 살았다면 느끼지 못했을 순간들이다. 내가 좋아하는 것을 한다는 것! 내가 좋아하는 것을 하는 사람들과 그림을 나누고 생각을 나누는 것이 신선하고 즐거웠다.

혼자 즐기는 것보다 여러 사람과 나누는 것이 힘이 된다. 《트렌드 코리아 2021》의 #오늘하루 운동 편에서 운동이 일상이 되었음을 이야기한다. 운동하면서 나를 표현하여 자아존중감을 느끼고, 여러 사람과 함께 활동하면서 관계를 확장하고 성취감을 느끼고 싶어 한다고 했다. 운동뿐만 아니라 다른 활동도 마찬가지라고 생각한다. 운동, 그림, 음악 등 많은 활동들을 하며, 개개인이 자기 자신을 사랑하고 표현한다.

내 관심은 점점 온라인 수업, 디지털 아트, 디지털 취미로 변화해 갔다. 비트박스 배우기, 해금 연주 배우기, 스페인어 배우기 등 계속 도전하고 있다. '이런 것도 온라인으로 배울 수 있어?' 하는 것이 참 많다. 집콕해서 배우는 취미에 한계가 없어지고 있다.《트렌드 코리아 2021》에서 김난도 교수는 말한다. 변화는 이미 시작되고 있었다. 방향의 문제이고, 속력의 문제였다. 우리 생활에 깊숙이 들어온 디지털로 배우는 취미에도 속도가 붙었다.

우리의 일상과 멘탈을 지켜줄 비장의 무기는 무엇인가? 코로나 시대다. 언택트 시대에 당신의 정신 건강을 책임져 주고, 지켜 줄 취미를 가지면 어떨까? 가장 즐거웠던 순간을 떠올릴 수 없다면 지금 당장 시작하는 것이 좋다. 위기의 시대, 당신이 즐겁게 살 수 있는 길이 있다면 그 길을 마다할 이유는 없다.

시험하듯 직접 시도해 보고, 대화를 나누고 알아낸 것들을 나누려고 한다. 정답을 찾고 있다면 책을 덮고, 해답을 찾고 있다면 내가 풀어나가는 이야기를 따라 산책하듯 함께 걸어 보기를 권한다. 이 책을 통해 당신도 즐거운 삶을 살아갈 수 있다고 확신한다.

목 차

제5장

제6장

제7장

제 **1** 장

즐거운 순간이
떠오르지 않는
이들에게

너는 대체 누구니?

주위를 둘러보자. 취미가 평생 친구가 된 즐거운 순간이 떠오르지 않는다는 것이 왜 그리 서러웠을까? 나를 소홀히 했다는 것이 괴로웠다. 사람이 항상 즐거울 수는 없어도 어떤 순간에 내가 즐거운지 정도는 알고 있어야 하지 않을까?

요즘 나는 딸과 새벽까지 이야기할 때가 종종 있다. 늘 고백은 밤에 이루어진다. 내가 상담을 받았던 이야기를 하니, 그게 언제인지 알 것 같다고 했다. 본인이 6학년 때 아니냐고 했다. 엄마가 그 후 서서히 바뀌었다고 떠올린다. 엄마가 그림도 그리고, 해금도 배우는 모습이 좋았다고 한다. 아이의 눈에는 내 눈이 멍해 보였을까? 특별히 문제가 있다고 생각해 본 적이 없었다. 상담을 받는 과정에서 나에 대해 생각해 보고 깨달은 것이다. 어째 순서가 반대인가? 대체로 문제를 감지하고 상담하는 것 같은데, 상담을 받으면서 문제를 바라보았다. 자기 자신을 진단하는 것은 어렵다. 나 자신을 알아채는 훈련이 필요하다.

내가 나를 잊어버리고 살아내기만 하고 있었다는 것을 발견하고 나의 감각 어딘가가 둔탁하게 띵했다. 갑작스럽게 나를 바라보려 하자 거부감이 들었다. 내가 낯설었다. 기분이 안 좋았다. 나를 그대로 인정하는 것이 괴로웠다. '너는 대체 누구니?' 하며 어색한 사이가 되었다. 분명 제일 가까이에 있었는데, 제일 멀리 있었다. 미안했다. 내가 제일 잘해줘야 하는 사람은 나다. 나는 나에게 제일 잘해주고 있는가? 나는 가끔 그 소중한 분을 까먹는다.

"내가 알아봐 주지 못했어. 미안해.

이제라도 만나게 되니 반가워.

그런데 생각보다 그리 유쾌하지만은 않아.

그동안 두려웠나 봐.

그러니 언제 어떤 것이 즐거운지 충분히 느끼지 못한 거야.

무덤덤하면 고통이 덜할지는 몰라도 무감각해질 수도 있어.

그게 얼마나 괴로운 느낌인지 깨달은 거야.

아무리 두렵고 고통스러워도 눈을 똑바로 뜨고 보라고!

그게 너야.

이래도 저래도 너야.

그렇게 똑바로 볼 수 있어야 네가 살아. 똑바로 바라봐!

너의 민낯을 보는 게 괴롭지?

그건 네가 괴롭기 때문이지.

웃는 너를 보고 싶을 거야.

웃어도, 울어도 너야. 후져도, 멋져도 너야.

어떤 걸 선택할지는 결정해. 너만이 할 수 있어."

토닥토닥 위로하고, 화해하고, 용기를 내라고 나에게 이야기했다.

나와의 대화를 할 때는 혼자 거리를 걷는다. 도시에 사는 사람에게 사색할 공간은 아이러니하게도 북적이는 도시 한복판이다. 자신의 생각에 바빠서 누구도 나에 대해 신경 쓰지 않는다. 그 길을 걸으며 혼잣말을 한다. 내 안에 있는, 내가 자꾸 까먹고 있었던 나에게 말을 거는 것이다. 결국 나다. 열쇠도 자물쇠도 나다. 링 위에 복싱 글러브를 끼고 올라가 나의 최대의 적수와 마주한다. 셀프 디스와 셀프 칭찬은 건강하다.

《자존감 수업》에서 윤홍균 작가님은 자신의 감정에 대해 기록을 할 때, 의문이 아니라 감탄으로 마치라고 제안한다.

'너는 왜 너를 보살피지 못하고 즐기지도 못했니?'

라고 하니까 움츠러들고 슬펐나 보다.

'너는 즐거운 순간이 떠오르지 않아서 당황했구나! 많이 놀랐구나! 너를 만나는 시간이 괴롭구나!'

하고 감탄사로 마무리해보았다.

무덤덤하면 고통이 덜할지는
몰라도 무감각해질 수도 있어.

그게 얼마나 괴로운 느낌인지
깨달은 거야.

내가 알아봐주지 못했어.
미안해

이제라도 만나게 되니
반가워.

그런데 생각보다
그리 유쾌하지만은 않아.

그동안 두려웠나 봐.

언제 어떤 것이 즐거운지
충분히 느끼지 못한 거야

눈을 똑바로 뜨고 보라고!
그게 너야.

이래도 저래도 너야.

그렇게 똑바로 볼 수 있어야
네가 살아. 똑바로 바라봐!

너의 민낯을 보는 게 괴롭지?
그건 네가 괴롭기 때문이지.

웃는 너를 보고 싶을 거야.

웃어도, 울어도 너야. 후져도,
멋져도 너야.

어떤 걸 선택할지는 결정해.
너만이 할 수 있어."

그제야 알았다. 나와 대화하면서 의문문으로 물어보았고, 그에 대한 대답은 감탄사였다.

나에게 그간 괜찮았니? 하고 물어보았다. 내 안에 있는 나 1호, 2호, 3호…… n호 중 하나가 대답했다.

"괜찮아, 이렇게 말을 걸고 있잖아. 나는 괜찮아! 괜찮아지고 있어! 반가워."

나의 내면이 강해지도록 토닥토닥했다.

17

사람마다 즐거운 순간은 다르다. 나처럼 한순간에 아예 떠오르지 않을 수 있다. 삶에 지치거나 의식하지 않고 반복적으로 살다 보면 무얼 좋아하고, 하고 싶은지 잊고 살아간다. 내 즐거움보다 가족의 즐거움, 건강, 일, 친구 관계가 더 중요하다고 하며 무시해 버린다. 나도 다르지 않았다.

20년 직장 생활하며 16년간 직장맘이었던 나는 앞만 보고 살았다. 아이를 낳고 엄마가 되었다. 직장에 다니는 엄마인 직장맘이 되었다.

결혼을 하는 것부터 커다란 변화다. 임신을 하는 순간 또 다른 변화가 엄습한다. 몸도 변하고, 컨디션이 하루에도 수십 번 변한다. 호르몬의 변화로 정신이 혼미해지는 지경에 빠진다. 직장인에서 직장맘이 되는 것은 커다란 변화다. 마음이 직장에도 있고, 아이들에게도 가 있다. 변화에 당혹해하며, 아등바등 뒤처지거나 빠지지 않으려 안간힘을 썼다.

만삭이 되었을 때, 점심 식사를 하고 엘리베이터를 기다리고 있었다. 점심을 거하게 먹고, "아 배부르다"라고 말했다. 그때 동료가 그런다. "그래 보여요!" 내 배를 내려다보니, 정말 배가 많이 불렀다. 그때까지도 몰랐다. 이 아이가 삶을 보는 나의 시선을 얼마나 달라지게 할지, 내 관심사를 어떻게 변화시키게 될지… 전혀 예상을 하지 못했다. 행동 원칙 자체에도 서서히 강렬하게 영향을 줬다.

엄마란 굉장히 많은 것을 생각하고 실행하는 존재이다. 엄마가 어떤 상황에 있든 다르지 않다. 게다가 현대 사회에서 엄마에게 기대하는 것은 '모두 모두' 엄마다. 엄마가 하는 모든 역할과 사회활동도 포함하여 완벽한 것을 기대한다. 기대의 폭이 확장된다. 분명 나는 동일한 사람이다. 그런데 세계관마저 바뀐다. 엄마가 되면서 주 관심사가 아이가 된다. 아이를 통해 이전에는 보이지 않았던 세계가 존재하고 있었다는 것을 경험한다.

엄마가 된다는 것은 《해리 포터》에 나오는 9와 3/4 정거장의 게이트를 통과해서 건너편 마법이 있는 세계로 들어가는 것 같은 경험이다. 한 번 엄마의 세계에 들어가면, 다른 세계로 가는 길은 아예 막히거나 힘들여 넘나들어야 한다는 것이 기막히다. 안 보이던 세상이 내게 펼쳐졌다. 그 세상을 흡수하고 배워나갔다. 엄마의 세계가 온통 나를 지배했다. 내 존재는 아이를 위한 것만 같았다. 그리고 행복했다.

온 세상이 내 것 같다가 문득 나 자신이 작아지는 기분을 느껴 봤는가? 쪼그라드는 기분이 든다. 그게 바로 신호다. 방전되었을 때, 나 너무 힘들어! 하는 그 순간이 바로 신호다. 잠시만 멈춰 나를 바라보라고 하는 신호다. 아이 감정만 보지 말고, 내 감정을 알아달라고 아우성친다. 과연 이를 알아채는 사람이 얼마나 될까?

자기 자신을 충분히 인정해 주는 시간을 가져보라는 생존 신호, 너 아직 거기 있냐고 보내는 신호다. 알을 깨고 나가라는 희미하나 지속적이고 강력한 신호이다.

신호가 너무나 희미해서 인지하지 못하고 살아간다. 문득문득 작아진 기분 속에서 헤어나오지 못한다. 문제는 매일매일 작아지는 기분이 드는 것이 아니라는 거다. 눈치채지 못하고 다시 일상으로 돌아간다. 그렇게 끓는 물속 개구리 (Boiled frog syndrome)처럼 살다가 뒤통수를 갑자기 얻어맞은 기분이 든다 (그 기분을 알아채는 것도 용한 것이다). 그제야 내가 너무 멀리 왔구나 하고 이마를 친다. 그래도 희망은 또다시 지금이다. 이마를 치는 이 순간! 웰컴 투 시그널!

산후 우울증이나 육아 우울증이랑은 거리가 멀다고 생각했었다. 어쩌면 그렇게 믿고 싶었던가? 인정하는 데 시간이 그렇게 오래 걸린 건가? 과연 나는 산후 우울증이 있었나? 나 자신을 잊고 살았었나 했던 시점이 아이들이 초등학생 때였으니 산후라 하기엔 애들이 좀 크다고 생각했다. 모든 것이 귀찮아지고 무기력해지고 밥 먹는 것도 즐겁지가 않았다. 모든 것이 뒤죽박죽이고 집안은 엉망이고 나는 허우적거리고 있었다. 어떻게 나는 빠져나왔을까? 거기엔 가족이 있었다. 아이들이 있었다. 이웃이 있었다. 빠져들어가다가도 머리를 휘휘 흔들며 힘을 냈다.

꼭 산후 또는 육아라고 이름 붙여야 할까? 이렇게 이름 붙여야 다들 겪을 수 있는 거라고, 혼자가 아니라고 위안이 되는 걸까? 세월이 흐르고 내가 마주하는 모든 것들이 다 처음이다. 나에게는 늘 최초인 사건들이다. 당황스러울 수밖에 없고 어떻게 해야 하는지 모르는 것은 당연하다. 그럼에도 어른으로서 지혜롭고 옳게 살아야 한다는 책임감과 부담감이 내 마음을 무겁게 하고 괴롭게 하는 것이다. 어른은

저절로 되는 것이 아니다. 날로 먹는 것이 없는 인생이다. 관심과 노력과 인정이 필요하다. 또한 적절한 순간에 안내와 멘토가 있으면 덜 힘들다. 그래서 찾은 것이 수많은 육아 서적이다. 육아 서적의 저자들이 수많은 조언을 해 주고 해법을 찾도록 도와줬다.

나에게 적응하고 주위에 적응할 만하면 어느새 상황은 변해 있다. 아이들은 자라고 있고 매일매일이 새롭다. 아이들만의 당면 과제가 있다. 내가 다 이해해야 아이들이 잘 크는 것이 아니다. 아이 존재 자체를 인정하고 한 개체로 받아들이면 되는 것이다. 내가 이해하거나 통제할 수 있는 영역이 아니다.

"부모 맘대로 하지 않고 자기 하고 싶은 대로 하는 건 아이가 독립된 인격체이기 때문이란 걸 인정해야 한다. 하지만 그러려면 부모는 속이 탄다" - 2012년 3월 페이스북에 적어놓은 글이다.

지금의 나는 이 글에 이렇게 답한다.

"9년 전에도 이런 생각을 했구나! 그래도 지금은 속이 덜 탄다. 나도 컸다."

나도 좀 컸다. 내가 건강하고 마음에 여유가 있을 때 힘겨움이 사르르 녹는다.

언제나 내가 제일 힘들다. "내가 제일 잘나가!"라는 노래도 있건만, 나만 힘들다.

내가 혼란스러울 때, 마침 사춘기와 처음 대면했다. 아이가 사춘기에 나에게 보내는 눈빛과 표정만으로도 심장이 쿵쿵댄다. 아이가 갑

자기 큰 것 같고, 나에게서 떨어져 나가는 느낌이 들었다. 품 안에 폭 안기는 아기에서 하나의 인간으로 우뚝 서려고 하는 모습이 마치 내 게서 멀어지려 한다며 호들갑 떨고 서운해 한 것이다. 게다가 아이는 이렇게 컸는데, 나는 제자리인 것 같아서 조바심이 났다. 박수 치고 기 뻐해야 할 순간이었으나, 나는 내 안에 갇혀 똑바로 바라보지 못했다. 비겁하게 내 탓이 아니라 남 탓을 했다. 그렇게 숨어야 나를 보호할 수 있다고 믿는 것이다. 숨을 곳을 찾고 있었다. 내가 마주 봐야 할 존 재는 다름 아닌 '나'다. 내가 나를 바라봐야 하는데 숨으려 했다.

즐거운 순간에 집착하고 있는 것은 아닐까? 나에게 첫 신호 질문이 '즐거운 순간'이었던 것이다. 왜 나는 즐거운 순간을 떠올려야 하는가

매슬로의 욕구 단계

5. 자아실현의 욕구

4. 존중의 욕구

3. 애정의 욕구

2. 안전의 욕구

1. 생리적 욕구

에 대해 생각해 봤다.

즐거운 일상을 추구하는 욕구는 어떤 것일까? 욕구에 대해 이해하고자 아브라함 매슬로의 욕구 단계를 통해 바라본다. 한 번쯤은 들어봤을 것이다. 나와 어떤 관계가 있을지 생각해 볼 필요가 있다.

매슬로의 욕구 단계는 가장 기본적인 욕구인 생리적 욕구에서부터 탑 쌓듯이 탄탄하게 존재한다.

매슬로는 하위 단계 욕구가 충족되면 상위 단계의 욕구가 나타난다고 했다. 배고픔이 해결되어야, 비를 피할 곳을 찾고, 따스하고 안전한 곳에서 사랑하고 사랑받는 것을 원하게 된다. 존중받고 싶고, 존중하고자 하는 마음은 이 모든 것이 해소되었을 때에야 넘볼 수 있다. 자신을 존중하고, 자신이 존중받는다는 바탕에서 자아실현에 이르고 싶은 욕구가 생긴다. 어찌 보면 순서대로 일어나는 게 순리다. 그런데도 우리는 자아실현을 하고 싶다. 배고파도 내 이상을 향해 울부짖는다. 꿈을 꿔봤기에 배고파도 이상적인 나를 꿈꾸며 현재를 살아낸다. 절실하고 절박해야 욕심도 생겨난다. 어떤 단계의 욕구 건 절박해야 다음 단계로 나아간다.

즐거운 순간은 욕구 단계 중 어디에 있을까? 즐거운 순간은 모든 단계에 걸쳐 존재한다. 맛있는 음식을 먹어 즐겁다. 안전하게 지내니 즐겁고, 사랑받고 사랑하기에 즐겁다. 가정에서, 학교에서, 직장에서, 지역사회에서 소속되어 있는 것을 즐긴다. 존중받아 즐겁고 자아 실현하여 즐겁다. 이처럼 욕구 충족을 하는 것이 즐거움인가?

위기의 신호는 욕구 단계가 충족이 안 되었을 때 나타난다. 어떤 단계에 있든 무너짐은 예고가 없다. 언제든 어떻게든 무너질 수 있는 여지가 있다.

성취감을 느끼며 승승장구하는 사람이라도 먹을 것이 없어 곤란한 지경에 이르면 성취감이고 뭐고 배를 채워야만 정신이 차려진다. 나의 안전이 위협받는 상황에서는 아무리 즐기려고 해도 즐길 수가 없다. 사랑과 소속의 욕구가 충족되지 않는 상황에서는 외롭고 슬프고 우울하다. 그런데 성취해본 사람, 배불러 본 사람은 아무리 힘든 지경이라도 자기가 원하는 상태를 안다. 회복할 힘은 회복해 본 사람이 안다. 각 욕구 단계에서 맛본 욕구를 해결해본 경험에서 나온다. 욕구 실현을 통해 맛본 즐거움이다. 즐거움이라는 감정은 욕구를 충족해본 작은 성공이며 나를 응원해 주는 세포라고도 할 수 있다.

매슬로의 욕구 이론으로 나를 온전히 이해할 수 있을까?

욕구는 한 가지 단계에만 머물러 있지 않고 여러 욕구가 복잡 미묘하게 얽혀 있다. 클레이턴 앨더퍼Clayton P. Alderfer 는 매슬로의 5단계 욕구를 3단계로 묶었다.

낮은 단계의 욕구가 충족되어야만 그다음 단계로 진행한다. 높은 단계의 욕구를 만족하지 않을 경우, 낮은 단계의 욕구를 더욱 만족시키려고 한다고 보았다.

생활 수준이 안정화된 우리나라의 경우, 기본적으로 생리적 욕구, 안전의 욕구인 존재 욕구가 대체로 충족된다. 존재하는 것에서, 관계에서, 성장하는 것에서 즐거움을 찾을 수 있다. 어떤 상황에 있든 즐길 수 있고 즐거움을 찾을 수 있다. 힘들고 어려워도 활력을 갖고 살 수 있다. 내가 즐겁게 살기로 마음먹으면 누구도 나를 우울하게 할 수 없다. 내가 정하는 것이다.

《미움받을 용기》에서 철학자는 말한다.

"우리는 과거의 경험에 '어떤 의미를 부여하는가'에 따라 자신의 삶을 결정한다네. 인생이란 누군가가 정해주는 것이 아니라 스스로 선택하는 걸세. 어떻게 사는가도 자기자신이 선택하는 것이고……."

나를 우울하게 하는 것은 과거의 트라우마도 아니고 나의 결점 때문도 아니다. 내가 나를 돌보지 못하는 것 같아서 무능감에 빠지는 것이다. 이 세상에서 제일 소중한 나를 내가 돌보지 못하는 것이 아쉬운 것이다. 내가 나에게 상처 주는 것이 싫은 것이다.

누구도 나에게 내 삶을 희생하라고 하지 않았다. 내가 희생한다고 생각하는 것이다. 내 삶을 희생하는 것 같지만, 그 뒤에 숨는 것이다.

희생한다고 생각하면 과연 편안할까? 나를 희생하는 것이 아니다. 우선권은 나에게 있다. 내가 먼저다. 내가 즐기며 살아가는 것을 선택해야 한다. 희생이라는 이름으로, 우울이라는 이름으로, 열등이라는 등 뒤에 숨기에는 내가 너무나 소중하다. 내가 즐거울 수 있는 상태를 떠올리는 연습을 해보기로 했다.

코로나 팬데믹으로 세계 인류의 안전이 위협받고 있는 이 시대에 코로나 블루가 생기는 것은 어쩌면 당연한 일이다. 안전과 생존이 달린 문제다. 안전이 위협받으니, 생필품을 쌓아두려고 한다. 적어도 생존은 해야 한다고 생각하는 것이다. 먹을 것도 있고 안전한 집에서 머무를 수 있는 집콕인의 경우는 어떨까? 답답하기만 할까?

그렇다고 마냥 우울감에 빠져 있고 싶지 않은 것. 오히려 그 속에서도 즐거움을 찾고, 나를 찾고, 기회를 찾는 사람들이 늘어나고 있다. 코로나가 건강을 위협하고 있으나, 인간은 마스크를 하고 직접 만남을 자제하고 차단하면서도 인간적인 교류와 소통에 목말라하고 있다. 나 자신이 더욱 중요해졌다. 나의 건강과 안전이 내 주변의 안전이 된 시대다. 내가 즐거워야 내 주변도 밝아지고 그 밝아진 에너지가 더욱 나를 즐겁게 한다.

내게 즐거웠던 순간은 무엇이었을까? 당신에게는 어떤 순간들이 있었을까? 가만히 생각해 본다.

괜찮아. 지금부터 찾아봐

주위를 둘러보자. 취미가 평생 친구가 된 나를 잊고 살아가고 있었나?

눈앞이 새하얗다. 아무것도 보이지 않았다. 즐거웠던 순간이 떠오르지 않았을 때 내 머릿속이 하얘졌다. 나를 중심으로 생각하고 살지 않아서다. 혹시라도 지금 떠오르지 않는다고 좌절하지 말자. 지금부터 찾아보고 느껴보면 된다. 살아온 시간을 되짚어 보면서 실마리를 찾게 된다. 어릴 때 하고 싶었는데 못 했다든가, 어릴 때 너무나 즐겁게 했는데 지금은 잊고 있었던 것이 있을 것이다. 아니면, 아예 새로운 것을 찾아 본다면 설레임을 느낄 것이다.

조금만 둘러봐도 삶에서 즐거움을 찾고 자신을 소중히 다루려는 사람들이 보일 것이다. 무엇에 열광하는지 무엇에 활력을 얻는지 이야기해 보자. 그 과정에서 엄청난 이야기를 듣게 될 수도 있다. 또는 정말로 평화롭고 평범하고 잔잔한 이야기를 듣게 될지도 모른다. 아주 사소하기도 하고, 너무나 대단해 보이는 것들이 사람들을 활기차게 해주는 동력이 된다. 사소한 것, 아주 쉬운 것이어서 놀랄 수도 있겠다. 이야기를 듣다 보면, 스멀스멀 올라오는 것이 있을 것이다.

자신을 위한 시간을 찾기로 한 오늘이 중요하다. 나를 보살피지 않고 지냈을 수도 있다. 혼자가 아니다. 반려동물도 있고, 반려식물도 있다. 반려 취미가 내가 살아가는 데에 힘이 된다. 이제 시작이다.

온라인 취미 강좌부터 탐색해

　주위를 둘러보자. 취미가 평생 친구가 된 직장인이든 아니든 시간이 없다. 나에게 투자할 시간이 부족하다. 일어나기 바쁘고, 출근하기 바쁘고, 출근시키기 바쁘고, 학교 가기 바쁘다. 정신없이 하루를 살고 나면 모든 것을 내려놓고 싶다. 푹신한 침대에 푹 잠기고 싶다. 직장과 집 사이에 학원을 다니는 것이 부담스러울 수 있다.

　하고 싶었던 것을 해 보기로 마음을 먹었다. 동네 미술 학원을 검색해서 전화했다. 성인반은 없다는 말에 좌절했다. 요즘은 성인반을 운영하는 미술학원도 꽤 보인다. 내가 사는 동네, 내가 다니는 경로에 없을 뿐이다. 아파트 상가엔 온통 아이들 교육열에 생겨난 학원이 대부분이었다.

　여러 프로그램이 있는 문화센터도 좋은데, 시간이 제한적인 직장인에게는 이마저도 그림의 떡이다. 집과 회사 외에서 시간을 보내기 부담스러웠다. 결국 온라인 취미 강좌를 알아봤다.

　내가 찾은 곳은 공간을 초월한 온라인 학원이었다. 김동원 선생님이 운영하시는 원아트스쿨이라는 사이트에서 선 긋기부터 배웠다. 벌

써 10년 전이다. 내 작업실이 없어서 아파트 베란다에 재료와 이젤을 펼쳤다. 아이들 재우고 밤에 쪼그려 앉아 그렸다. 행복했다.

〈나의 그림 공간 베란다 화실〉

온라인으로 어떻게 그림 그리는 것을 배울까? 10년이나 지난 일인데도 아직도 신기해한다. 핸드폰은 카메라였고, 내 눈과 발이 되어주었다. 그려서, 찍고, 올리면, 선생님이 첨삭을 해 주셨다. 선 그리는 것이 그렇게 어려운 것인지 미처 몰랐다. 손은 금세 까매졌고, 내 맘과 달리 삐뚤빼뚤 깔끔하지 않았다. 선생님은 세세하게 봐 주시고 용기를 주셨다.

선 긋기가 첫 과제였다. 선 긋기는 첫 만남이다. 기초가 되는 것이 선 긋기다. 쉽고 간단해 보여도 제일 중요하다. 선 긋는 소리가 밤공기를 타고 사각사각 울렸다. 신경은 온통 연필과 종이 소리에 빠져 있었다. 그 고요 속의 연필 소리가 그립다. 초심이라고 한다면 선 긋는 순간일까? 선 긋기를 언제까지 해야 할지… 선 긋고 사진 올리고 첨삭을 받았다. 꾀도 났다. 어서 잘 그리고 싶었다. 얼른 도형으로 넘어가고 싶어 근질근질했다. 사진 올리고 콩닥콩닥, 숙제 검사받는 마음은 나이가 들어도 마찬가지다. 선생님이 선 긋기에서 부족한 점, 개선할 점으로, 어깨에 힘을 빼고 해 보라고 도와주셨다. 옆에 없는데도 어떻게 내가 어깨에 힘주고 팔을 펴지 않고 하는 것을 알지? 신기했다. 세심하게 봐 주시는구나 하며 감탄했다.

〈선긋기〉

첫 과제는 가르치는 자와 배우는 자가 신뢰를 쌓는 과정이다. 앞으로의 배움이 어떻게 전개될지 보여 주고 서로 원하는 바를 확인한다. 방향을 제시하고 목표를 보여 주고 시도해 보게 하고 바로잡아준다. 칭찬과 격려, 자극을 적절히 주고받는다. 배우고 익힐 때 첨삭은 굉장히 중요하다. 매우 엄격하면서도, 세밀한 가르침을 받았다. 게다가 이해가 안 될 때는 다시 돌아가 되풀이한다. 그래도 이해가 안 되고 잘안될 때는 다시 물어보면 된다. 멀리 돌아갈 수도 있는 길을 친절하게 안내해 주는 이정표 같다. 선 긋기 과제를 패스했을 때 기뻤다. 선 긋기 마스터가 된 양 의기양양해졌다.

데생을 배우는 과정에서 안 보이던 것을 보는 연습을 하게 되었다. 내가 알고 있는 대로 보는 것이 아니라 그리는 눈으로 보는 것이다. 사과를 예로 들면, 어릴 때부터 사과는 동그라미에 움푹 팬 곳을 그린 후, 꼭지를 그린다. 사과를 보지 않고도 그렇게 그리면 사과다. 그러면 사과 같다. 그러나 내 눈앞의 사과는 아니다. 내 눈앞의 사과는 내 눈과 사과 사이에 공기와 빛과 다른 사물들에 섞여 있다. 빛이 없으면 사과나 귤이나 마찬가지인 상태이다. 빛이 보여 주는 사과를 그려야 한다. 빛과 그림자만으로 사물을 담아내는 것이다.

나도 그렇다. 그림자가 없다면 빛도 없다. 그림자가 있음으로 나를 똑바로 보게 되는 것이다.

〈데생 레슨 정육면체 첨삭 지도〉

〈데생 레슨 후 수정한 정육면체〉

눈과 뇌가 그렇게 받아들이지 않으니 보고 배우는 수밖에 없다. 정육면체, 구, 원뿔은 잘 그려진 그림을 보고 따라 그리는 것이었다. 실제로 사물을 보고 하는 것이 아니라, 그림으로 표현된 것을 관찰하고 재연하는 것이다. 그런데 그게 그리 만만치 않다. 거기에 담긴 수많은 이론은 모르겠고, 그저 보이는 대로 그려 보는 것이다. 빛이 어디서 오는지, 어디에 반사가 일어나는지는 나중에 말해 줘야 안다. 해 보면서 직접 깨닫고 느끼고 손에 익히는 것이다. 그림을 보고 그리는 것과 사진을 보고 그리는 것은 비슷하지만 다르다. 한번 2D화 된 것을 지면에 옮기는 것이긴 하지만 어떻게 선을 써야 하는지는 오롯이 내가 해석한다. 도형을 통해 배운 기본기를 사진을 보며 그려 보는 것이다.

나뭇가지를 세밀하게 그려 봤다. 커다란 덩어리보다 나뭇가지처럼 가느다랗고 세밀한 것에는 덜컥 겁이 났다. 마음에 들 때까지 그려보리라 했는데, 선생님도 나도 동의할 만큼 나뭇가지가 지면에 표현되었을 때, 너무나 기뻤다.

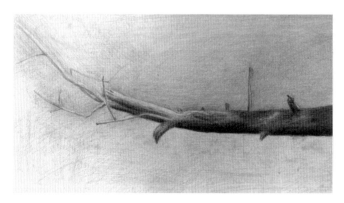

〈나뭇가지 스케치〉

33

〈오리〉

　단순한 도형을 넘어 다양한 형태를 가진 오리와 물을 그리려니 내가 할 수 있을까 의문이 들었다. 이제까지 그려왔던 것에서 전환되자 잠시 멈췄다. 달아오르다가 잠시 식힌 것이다.

　늘 즐거울 수는 없는 법이다. 내가 그림 그리는 것을 좋아하고 잘 그리고 싶은 열망이 있다고 해서 늘 신나는 것이 아니었다. 며칠 쉬고 찬찬히 살펴보며 숨을 가다듬고 도전 의지를 불태워야 했다. 진정 내가 원하는 것이 무엇이었는지 자주 질문해야 한다. 특히 힘들고 지칠 때, 엉뚱한 욕심이 들어서 내 마음이 불편해질 때 '내가 원하는 것이 무엇이었지? 지금 내가 원하는 것을 하는 것인가?" 꼼꼼히 들여다본다. 그러면 대체로 풀린다.

　그림을 그릴 때도 일을 할 때도 아이들 볼 때도 적용된다. 본질이 무엇인지, 그래서 내가 이루고자 하는 것, 내가 원하는 나의 상태는 어떤 것인지를 끊임없이 물어보아야 중심을 잡을 수 있다. 그래야 억지로 하면서 지치는 일이 없다. 하고 싶다는 생각, 표현하고 싶다는 생각이 들어야 한다. 그제야 하는 것이다.

검색하다가도, SNS를 보다가도 온라인 취미 사이트가 눈에 많이 띈다. 클래스101, 스터디파이, 패스트캠퍼스, 에어클래스, 탈잉 등 각종 온라인 강좌 사이트의 온라인 취미 강좌가 넘쳐난다. 그중 내 눈에 띈 것은 클래스101이었다. 온라인 강좌인 데다가 준비물까지 챙겨주기에 별도로 재료를 구매하러 가지 않아도 된다는 편리함에 매료되었다. 어쩌면 페이스북이나 인스타그램에서 광고를 자주 접해서일 수 있다. 즐거운 것투성이다. 배우면 너무나 뿌듯할 것투성이다. 그림, 재테크, 공예, 요리, 운동, 영상, 사진, 인문학 강좌, 자기 관리 등 한두 가지 정도는 관심이 있을 만한 강좌가 계속 나온다.

〈클래스101 반지수 작가님 수업 스크린샷〉

관심 가는 대로 살펴보자. 꼭 강좌를 듣지 않아도 좋다. 구매하지 않아도 살펴보면서 마음 편하게 지나쳐 버리면 된다. 보다 보면 며칠 내내 떠오르는 것이 생길 수 있다. 꼭 내 것으로 만들고 싶은 취미가 손을 내밀 것이다. 그들의 홍보에 넘어가 보는 것도 괜찮다.

꼭 유료가 아니더라도 유튜브에서 잘 찾아보면 유료에 버금가는 강의를 만날 수 있다. 발품을 팔아야 하지만, 유튜브에 수많은 정보가 있고 좋은 선생님도 만날 수 있다. 그 풍부함이 오히려 독이 될 수 있으나, 여러 선생님이 기다리고 있다. 선택지가 많으니, 두고두고 내가 필요한 것을 배우려면 노력이 좀 필요하다. 유튜브는 공짜가 아니다. 시간과 노력을 투자해 광고를 보고, 나에게 맞는 걸 찾아 헤매는 시간이 필요하다. 유튜브로 어느 정도 배우다가 유료 강좌를 듣거나 도움을 청할 수 있다. 정보의 바다에 빠져 다른 길로 샐 가능성도 열려 있다. 유튜브에서 배우고 싶은 것을 찾아보고 그것을 따라 해 보기를 권한다.

처음엔 아이패드 사용법부터 배웠다. 직장 동료가 가장 핵심이 되는 것을 알려줬다. 애플 제품을 무척 사랑하는 그는 경험에서 우러나오는 필수 앱을 알려 줬다. 유튜브로 사용법을 찾아보게 된 것도 애플 전문가인 동료가 알려 준 것이다. 자신이 좋아하는 것을 열정적으로 말할 수 있는 사람에게 배운 노하우가 유튜브 검색이다. 자신이 알고 있는 것을 즐겁게 영상으로 찍어서 나눌 줄 아는 사람을 유튜브에서 만나는 것! 참 멋진 일이다.

그림 그리는 유료 수업에서도 본격적인 수업에 들어가기 전에 '프로크리에이트' 사용법을 배운 곳도 유튜브였다.

기본적인 기능부터 그림 그리는 방법까지 깊숙이 다룬 유튜브 영상이 많았다. 기능적인 것을 익히는 데에 무척 도움이 되었다. 각 작가님들마다의 개성이 담겨 있고, 유튜브에 올라온 영상만으로도 충분히 배울 수 있을 거라는 것도 깨달았다. 어쩌면 사전 과제는 이렇게 찾아보고, 자신의 스타일을 찾아보라는 의미도 있지 않았을까? 앱을 켜는 법부터 배우고 따라해 본다. 무료 영상을 보고 충분히 배울 수 있다. 그런데 돈을 내고 배우는 수업에서 좀 더 긴장하고 좀 더 진지하게 임한다. 그럴 만하다. 내 삶과 강사의 삶의 값이 들어 있어서일 것이다.

〈골목집〉

아이패드로 드로잉을 처음 배울 때, 클래스101 수업을 뼈대로 삼았다. 수업을 정식으로 시작하기 전에 사전 과제를 내 주셨다. 아이패드 프로크리에이트 앱으로 그림을 그리기 위해 유튜브를 찾아보았다.

〈골목집〉은 수업을 듣기 전에 스케치부터 해서 수업에서 배우면서 조금씩 완성해 나간 그림이다. 특히 이 그림에 애착이 간다. 첫 작품이자, 수업을 들으면서 적용하여 그린 작품이라서 그럴 것이다. 정체되어 있던 내 그림 세계를 디지털에서 새로 시작하게 되었고, 가능성을 보았다. 투박하지만 소박하고 담백하다.

프로크리에이트 앱으로 그리는 기초 지식이 없어서 사용법 익히랴 스케치하랴 뒤죽박죽이었다. 하지만 유튜브는 프로크리에이트를 예습할 수 있는 보물창고이며 배움의 장이었다. 이렇게 첫 아이패드 작품은 자습으로 시작했다. 수업 듣기 전에 스케치하고 조금씩 틀을 갖추고 수업에서 배운 것을 적용해가며 실험하듯 그렸다. 마치 드로잉 연구원이라도 된 느낌? 처음부터 끝까지 조금씩 더하고 빼면서 완성도를 높여나갔다.

쉽게 그린 것보다는 고민의 흔적이 있는 것, 유레카를 외치는 순간을 간직한 것에 애착이 간다. 아이패드와 애플펜만 있으면 연필 스케치, 펜화, 유화, 수채화, 색연필화, 파스텔화, 유성 파스텔화 등의 표현이 가능하다는 것이 제일 놀라웠다. 심지어 사진과의 결합도 자유로웠다. 경계를 허물고 한계를 두지 않는 연습이 필요하다. 이것은 누가 가르쳐 줄 수 없는 것이다. 스스로 시도하고 찾고 배우고 적용해 보아야 한다.

궁금하거나 필요한 것이 있으면 수업 댓글에 올려서 질문하거나, 유튜브에서 검색해서 익혔다. 세상에 내 선생님이 이렇게나 많다. 게다가 매우 친절하다. 무궁무진하다. 관심 분야를 파고들어 찾아내고, 시청하면 유튜브가 비슷한 콘텐츠를 찾아서 대령시켜 준다. 어느새 내가 관심을 보일 만한 콘텐츠들을 눈에 띄게 데려다 준다. 한두 번만 검색해 보자, 내 관심사가 나를 따라다닌다. 세상이 온통 배울 것 투성이다.

취미가 삶이 되게 한다

주위를 둘러보자. 취미가 평생 친구가 된 좋아하는 것이 있으면 눈에 아른거린다. 깨어 있는 내내 떠오른다. 퇴근하면서 전날 그리던 것을 떠올린다. 더 묘사하고 싶었던 부분을 떠올리며 집에 빨리 가야지 한다. 내 삶 속에 깊이 자리하게 된 취미 활동이 나를 움직인다. 때로는 아침에 일어나서 바로 그리고 싶어진다. 그랬다가는 푹 빠지게 되어 식사도, 출근도 어려워질 수 있어 곤란하다. 취미가 삶이 된다는 것은 그만큼 내 생활에 영향을 준다. 시켜서 하는 것, 해야 해서 하는 것과 차이가 있다.

〈소와 아이들〉

〈뛰어가는 아이들〉

즐거웠던 순간이 업이 되게 하라

주위를 둘러보자. 취미가 평생 친구가 된 영상 편집은 내가 아이를 키우면서 만든 취미이다. 직장에서 제품을 고객사에 소개하는 영상을 만드는 밑거름이 되었다.

아이 돌잔치 성장 동영상을 만들어봤는가? 화려하지 않아도 마음이 담긴 영상을 만드는 즐거움은 해 본 사람만 알 것이다. 아이를 키우는 이들에게 권하는 이유이다. 남이 해 준 화려한 영상보다도, 직접 만들어가는 마음이 담긴 영상은 특별하다. 아이가 어린이집, 초등학교에 가게 되면, 발표회, 여행, 대회 등 사진도 영상도 많이 찍게 된다. 대부분의 영상을 보면 어떤 아이의 부모가 찍었는지 알게 된다. 우리 아이가 중앙에 오고, 제일 크게 찍는다.

아이가 초등학교에서 치어리딩 선수반 활동을 했다. 열심히 찍어댔다. 수백 수천 장을 찍고 수십 장을 공유했다. 6년간 사진과 영상 담당이 되었다. 내 아이 사진과 영상을 찍다 보니, 팀에서 사진과 영상은 으레 내가 담당하게 된 것이다. 처음엔 찍기만 했는데, 제목도 넣고 자막도 넣고 편집까지 하게 되었다. 이 모든 게 성장 동영상에서 시작했다니! 오랫동안 즐기며 했다.

아이들이 학교 내외부 활동이 늘어나면서 내 활동도 늘었다. 첫째 아이가 방과 후 수업으로 거문고를 배웠다. 학교 국악관현악단에 들어갔다. 등굣길 음악회를 했다. 학교에서 국악관현악단 활동을 하고, 성남시 청소년 국악관현악단 '가현'에서 활동했다. 사진과 영상은 자연스럽게 내가 담당했다.

일 년에 한 번 하는 정기 연주회에서 연주회 막간 순서로 영상 상영회를 했다. 500석, 1,000석을 가득 채운 무대에 내 영상이 오르는 순간은 특별하다. 1~2년간 매주 연습하고, 봉사 연주하고, 여름방학 기간에 일주일간 집중적으로 국악 캠프에서 연습하는 모습을 영상에 담았다. 영상을 만들게 되니 아이들의 노력을 더 자세히 보게 되었다. 눈에 어른거리고 마음에 남는다. 편집하다가 피식 웃기도 하고 뭉클해져서 눈가가 촉촉해진다. 이런 마음이 영상에 표현되면 좋겠다는 마음으로 작업했다. 영상이 무대 스크린에 올라올 때 어찌나 설레던지! 어두워진 관객석에서 손에 땀을 쥐며 감상했다. 그제야 내 손을 떠난 영상에 눈이 갔다. 등장인물들이 자랑스럽고 멋있었다. 내가 즐겁게 할 수 있었던 건 커다란 열정을 가진 사람들을 만나게 되었기 때문이었다.

지난 3년간 공연 막간에 상영할 영상을 제작했다. 업체에서 촬영해 준 연주회 영상을 편집하여 유튜브에 올렸다. 그저 좋아하는 것이라 하게 된다. 돈을 버는 것도 아니다. 영상 편집하면서 어깨와 목이 아프고, 눈도 빠질 것 같다. 그래도 계속하게 된다. 영상을 만들면서 설레고, 무대에 올리면서 설렌다. 나도 저 멋진 아이들과 무대에 함께 섰다는 자부심이 생겨났다. 매년 재능기부 자원봉사로 영상 편집을 하고 있다.

5분~10분 상영을 하기 위해, 지속해서 촬영하고, 영상과 사진으로 몇 날 며칠 기획하고 편집하고 고민했다. 상영하는 짧은 시간에 최고를 보여 주기 위해 매달렸다. 연주회에 오신 관객과 가족들이 연주자들이 흘린 땀과 웃음들을 보고 찡한 표정을 짓거나 웃을 때 설렜다. 단 한 명이라도 이 영상을 보고 즐길 수 있다면 좋겠다는 마음이 통했다.

〈가현 활동 소개 영상〉

지금 글을 쓰는 것도 그런 마음에서 시작이 되었다. 내가 즐거움을 떠올리며 해왔던 것을 나누면 누군가 우연히라도 비슷한 느낌을 떠올리게 할 수 있다면… 얼마나 좋을까 하는 마음이다. 어떤 길을 선택하든 내가 즐거울 수 있는 것이 무엇인지, 좋아하는 것이 무엇인지 먼저 떠올리고 선택하려고 한다. 그것이 즐거운 일상을 디자인하는 시작이자 끝이다. 길을 잃고 헤매더라도 이정표가 되어 줄 것이다.

나는 반도체 회사에서 영업 마케팅을 했다. 반도체는 네모다. 크기도 엄청 작다. 손톱보다 작은 것부터 500원짜리 동전만 한 것까지 다양하다. 실물을 보여 준다고 해서 이게 뭘 하는지 이해하게 하는 것은 힘들다. 시연해서 어떻게 작동하는지 어떤 제품을 만들 수 있을지 보여 줘야 한다. 성능을 보여 주기도 하고, 적용해서 만들 제품을 시각화하여 보여 준다. 직접 눈으로 보고 느껴 봐야 더 잘 이해하고 결정한다. 실제 제품이나 시제품을 보여 주고 체험해 볼 수 있는 시연회를 하는 것도 그런 이유다.

코로나19로 직접 대면하는 시연회가 어려워졌다. 코로나19와는 관계없이 그전부터 데모 시연 영상을 만들어서 국내와 해외 영업과 마케팅에 활용했다. 이때 나의 필살기(?)인 영상 편집 기술이 빛을 발했다. 아무래도 기술 집약적 회사다 보니, 영업할 때 필요한 장비가 다 짐이다. 변수도 생긴다. 각종 장비들을 들고 미팅하러 고객사에 방문하려면 무척 번거롭다. 자동차 회사뿐 아니라, 기술 관련 회사들은 보안을 위해 장비의 유입을 제한하기도 한다. 특히 인터넷에 연결하여 보여줘야 하는 경우, 데모가 불가능한 경우가 허다하다. 데모 영상 파일 또는 영상 링크 하나만 있으면 두 손이 가볍다. 물론 직접 가져가서 보여 주는 것이 제일 효과적이다. 짧은 시간에 효과적으로 집중적으로 보여 줘야 할 때는 영상이 제일 좋은 대안이다.

10여 년 지속한 영상 편집이라는 취미가 일과 연결되었다.

15년간 일한 회사를 퇴직하는 마지막 날까지도 내가 즐기는 방식으로 인사했다. 동료들에게 영상 편지를 썼다. 내가 주인이 되어 즐겁게 일했던 순간들을 떠올리며 영상을 만들었다. 회사 생활을 총정리하고 회사와 동료들과 즐겁게 헤어지는 방법이 무엇일까 고민하고 고민하면서 영상을 만들었다.

지금까지 나는 어떤 사람이었을까? 어떤 일을 하는 사람이었을까? 어떻게 기억되고 싶은가?

한 사람 한 사람 만나서 이야기 나누고 인사를 하면서, 내가 보낸 영상 메시지는 우리를 이어주는 이야깃거리가 되었다. 몇백 명 되는 회사에서 나에 대해 잘 모르던 동료들에게 내가 어떤 일을 하는 사람이었는지, 내가 이 회사에 어떤 것을 남기고 떠나는지 조금이나마 알려주었다.

퇴직 인사도 나의 업에 어울려야 한다. 마케팅커뮤니케이션 담당자로서 영상으로 물음표와 느낌표와 마침표를 찍었다. 영상을 보내고, 자리마다 찾아가 인사를 하는데, 너무나 즐거웠다. 어떤 분은 자신도 이직하게 된다면 내 퇴직 인사 영상을 벤치마킹해야겠다고 했다. 본보기(?)가 되는 '김라미'식 퇴직 인사법이 재미를 주고, 하나의 예가 된 것이 뿌듯했다.

어떤 동료는 내가 퇴직하고 며칠 지난 후, 그제야 영상을 봤다면서 전화했다. 내가 던진 영상을 보고 신선한 충격과 함께 감동하였다는 말이 어찌나 고맙던지! 생각해 보지도 못한 인사였다는 것이다. 애정이 듬뿍 담긴 진정성 있는 메시지가 누군가의 마음에 닿았다는 것이 사뭇 보람 있었다.

한때 이슈가 되어, 유행했던 퇴직 인사가 있다.

"안녕히 계세요. 여러분! 저는 이 세상의 모든 굴레와 속박을 벗어던지고 제 행복을 찾아 떠납니다. 여러분도 행복하세요~!"

만화영화 〈이누야샤〉의 한 장면이다.

어떤 회사원이 퇴사하면서 단체 메시지방에 영상을 보냈다는 일화가 있다. 여기저기서 이 멘트를 패러디하곤 했다. 자신을 대신 표현해줄 만화 영화 장면을 찾아보는 것은 어떨까? 새로운 영상을 찍는 것이 부담된다면, 재미있는 장면들을 모아서 편집해서 영상을 만들어보자. 귀에 쏙쏙 박히고 재미있는 영상을 만들 수 있을 것이다.

제 2 장

왜 취미가
꼭 필요한가!

언택트 시대, 취미가 경쟁력이다

주위를 둘러보자. 취미가 평생 친구가 된 코로나로 대외 활동을 자제하는 시대다. 코로나로 모임을 자제하고 사회적 거리를 두는 이때 한강 공원이나 자전거 도로를 보면 자전거 인구가 꽤 많이 늘어났음을 느낄 수 있다. 함께 라이딩하거나 혼자 라이딩한다. 자전거를 타는 순간만큼은 나 홀로 속도와 바람을 만끽한다. 집안에 콕 박혀 우물쭈물하는 것보다 자전거 타고 달리는 것이 많은 사람에게 즐거움이 되고 위안이 되는 것이다.

나는 자신 있게 말할 수 있다. 취미가 경쟁력이다.

특히나 '집콕'의 시대, 사회적 거리 두기의 시대에 우리는 반드시 나를 위해 취미를 개발하고 즐기고 활용해야 한다. 그것이 살길이다.

취미생활을 한다는 것에는 좋아서 한다는 말이 포함된다. 비용이 거의 안 드는 경우도 있으나 취미 생활을 하기 위해서는 어느 정도 투자가 필요하다. 좋아하는 일에 기꺼이 투자하다 보면 점점 더 빠져들어서 하게 된다. 즐겁게 일하는 사람들, 자신이 좋아하는 일을 하는 사람 중에는 좋아하는 일을 배우고, 즐기다가 일이 된 경우가 있다. 취미로 신나게 하다 보니 전문가에 이르는 경우다.

자전거 동호회에도 자전거 조립에서부터 수리까지 하시는 분들이 많고, 자전거 타면서 사진과 영상을 전문가 수준으로 하시는 분이 있다. 어딜 가나 자기 재능을 발휘하는 사람이 있다. 그 사람의 경쟁력은 바로 즐기면서, 끈기 있게 하면서 개발한 재능을 나누는 것이다.

내 열정이 담긴 취미는 어디에서든 나를 다시 보게 한다. 당신에 대해 말해 주는 것 중 하나가 취미이다. 나 역시 사람을 처음 만나 그 사람이 좋아하는 활동에 대해서 들으면 재미있기도 하고 그 사람을 더 잘 이해하게 된다. 같은 취미, 비슷한 취미, 신기한 취미에 대해 말하는 사람에게 호감을 느낀다. 호기심이 생기고 더 말하고 싶어진다.

사업을 하더라도 마찬가지다. 사업은 사람이 한다. 상대와 공통 관

⇧ 출장 공항 패션

출장가방 ⇨

심사로 연결되어 있을 때, 더욱 호감을 느끼고 신뢰를 쌓아가게 된다. 미국에서 치과용 의료기기 사업인 JK Dental Group을 운영하는 내 동생 김준헌 대표는 출장 갈 때 테니스 라켓을 메고 간다.

겨울엔 보드용품을 대동한다. 출장을 가는 것인지 운동하러 가는 것인지 헷갈릴 정도다. 출장지에 가서 고객들과 기술 세미나와 데모 시연회를 하고 함께 운동을 즐긴다. 테니스를 치며, 보드를 타며 즐거움을 더한다. 취미를 함께 즐긴 고객은 취미 친구가 된다. 그에게는 테니스와 스노우보드가 경쟁력이다. 그는 스포츠가 비즈니스에 도움이 된다기보다는 자신을 업그레이드해 주고 자신에게 주는 호사라고 말한다. 즐길 줄 아는 능력 자체가 경쟁력이고 자신을 업그레이드 해 준다.

〈보드〉

코로나19 이후 대부분의 외부 활동이 중단되었다. 특히나 컨퍼런스 행사나 세미나 행사, 전시 행사 등이 모두 취소되었거나 온라인으로 진행되었다. 운동을 좋아하는 동생은 집에서 유튜브를 보면서 홈트레이닝을 하고 있다. 덤벨 같은 매우 기본적인 기구로 운동했다. 평생 처음으로 배에 '왕'자가 새겨졌다. 코로나19가 남긴 상처라고 이야기한다. 코로나 이전에도 헬스장에서 운동하고 포스팅을 했을 정도로 운동광이다.(나와 내 동생은 페이스북 남매다. 멀리 떨어져 있으니 소식을 페이스북이나 카카오톡 보이스톡으로 전한다. 실제로 만날 수 있는 날이 어서 오면 좋겠다.) 재택 근무로 전환하고, 홈트레이닝으로 운동이 있는 건강한 생활을 하고 있다. 코로나만 아니었어도 아마추어 테니스 대회에서 맹활약했을 거라며 아쉬워한다. 홈트레이닝만으로는 모두 해결되지 않는 구석이 있다.

코로나로 잠시 주춤했던 전시 컨퍼런스 행사가 백신 접종이 증가하면서 다시 가능해지고 있는 모양이다. 치과 관련 컨퍼런스 행사의 부대행사로 테니스 대회를 열고, 고객들과 테니스 실력을 겨룬다. 과연 테니스 챔피언은 누가 될 것인가? 코로나로 각자의 공간에서 최선을 다한 이들이 테니스라는 날개를 펼치는 날이 기대된다.

〈치과 컨퍼런스〉

〈테니스 친구〉

동생에게 스포츠가 경쟁력이라 쓰고 사업에도 도움이 된다고 썼다. 이 글을 보여 주니 최근에 동생 부부가 나눈 이야기를 해 줬다. 언제 가장 행복하다고 느끼는가 생각해 봤다.

동생의 아내는 몇년 동안 일본어를 배우고 있는데 일본어 코칭을 받을 때 행복하다고 한다. 온전히 자신을 위한 시간이고, 배우며 익히는 그 순간이 즐겁다고 한다. 멋진 순간이다. 자신의 성장을 이끌어 주는 선생님과 조금씩 조금씩 발전하는 자신을 느끼는 그 소중한 순간을 즐길 줄 아는 사람이다.

동생도 아내의 말을 들으며 어떤 순간 즐겁고 행복한지 가만히 떠올려 봤다. 테니스 레슨을 받는 순간이 제일 즐거웠다고 한다. 테니스 레슨을 몇 년간 받고 있는데, 레슨을 받을 여유가 있는 것과 실력이 향상되고 있는 것을 느끼는 희열이 있단다. 좋아하는 것을 배우고 누리는 순간이 자신에게 주는 사치라고 한다. 누려 마땅하다. 테니스를 아무리 잘하는 선수도 코치가 있다고 한다. 자신이 좋아하는 것을 잘하고 싶고 제대로 하고 싶다면 돈을 지불하고 배워야 한다고 주장한다. 어릴 때도 더 배우고 싶었지만 지금은 돈 벌어서 레슨을 받을 수 있으니 좋다. 동생은 취미 생활 역시 경쟁력 있는 프로다.

자신을 위한 취미는 진정한 선물이다.

동생은 가족이 함께 즐기는 취미도 계획하고 있다. 온가족이 스키 강사 자격증에 도전하기로 했다. 같은 활동을 하고 배우는 기쁨을 함께한다. 도전을 같이 하면서 서로 격려하고 긍정적인 자극을 주고받는 것이다. 배우는 과정이 이 가족에게 여러 의미가 있다. 아이들이 자신을 위한 시간을 즐기는 경험을 한다.

이 시대의 경쟁력은 즐기는 것, 끈기 있게 하는 것, 신나게 하는 것이라 말하고, 취미라고 쓴다.

나 자신을 찾을 수 있게 해 준다

주위를 둘러보자. 취미가 평생 친구가 된 취미는 나 자신을 찾을 수 있게 해 주는 도구가 될 수 있다. 좀비처럼 직장과 집, 학교와 집을 오가는 텅 빈 나를 발견한 적이 있는가? 자각했다면 그나마 낫다. 지금, 이 순간이 당신에게 매우 중요한 순간이다. 이 책을 집어 든 순간 이미 당신은 나 자신을 찾아가는 여행을 시작한 셈이다. 나 자신을 찾는 것과 취미가 무슨 연관이 있을까 의아할 수도 있다.

내가 무엇을 좋아하고 즐거워하지? 나는 어떤 사람이지?

나에 관한 질문은 어쩐지 어색하다.

"당연히 나는 내가 제일 잘 알지!" 당연하다고 생각한다.

'나' 전문가는 바로 '나'일 텐데 이상하지 않은가?

아직도 생생하다. 내가 누구이고 무엇 때문에 그리 열심히만 살고 있었는지 잘 모르겠다는 회의감마저 들었다. 며칠간 가만히 생각해 보았다. 무엇보다도 나에게 집중했다. 괴로웠다. 나는 나를 들여다보는 게 제일 힘들었다. 그렇게 나를 들여다본 적이 없다. 나 홀로 길을 헤매고 있다는 기분마저 들었고 외로웠다. 과연 어떻게 해야 나를 찾을 수 있지?

실마리를 찾아야 했고, 종이에, 머리에, 핸드폰에 생각날 때마다 적는다. 나는 무엇을 좋아하는 사람이지? 나는 무슨 색을 좋아했더라? 나는 어떤 순간에 어떻게 느끼는지부터 시작해 봤다. 내가 좋아하는 활동이 있던가? 나에 대한 수많은 질문이 쏟아진다. 가장 가까운 사람인데 가장 멀게 느껴진다. 헉, 내가 나를 제일 모르고 살고 있었다니!

공감한다면, 이제라도 나 자신에게 관심을 가져보시라.

온 감각을 동원하여 자신을 관찰해야 한다. 무엇을 하든 느껴 본다. 이것이 내가 좋아서 하는 것인지, 마지못해서 하는 것인지 느껴 보자. 그냥 습관처럼 하고 있는가? 해야 해서 하고 있는가? 느껴 보고 진단해 보고 발견한 것을 리스트로 만들어 보자.

분명 당신은 아주 가까운 곳에서 당신을 만날 수 있을 것이다. 내가 그랬다. 사실 나는 내가 즐겁고 좋은 것을 해왔다. 단지 떠올릴 수 없었을 뿐. 그런데 그냥 하기만 하는 것보다는 이건 내가 좋아하는 일, 이건 내가 정말 즐거운 일, 이건 내가 진짜 하고 싶었던 일, 이런 식으로 이름을 붙여 주고 알아봐 주는 것이 좋다. 그래야 나도 안다. 그래야 나를 아끼는 나 자신을 찾을 수 있다.

반드시 즐거운 활동을 해야만 자신을 찾을 수 있다는 것이 아니다. 실마리가 된다.

나는 하루에도 여러 번 핸드폰 둔 곳을 잊어버린다.

"내 핸드폰 본 사람?"

"엄마, 또?"

반대로 다른 사람이 잃어버린 것은 잘 찾아준다. 유독 내 핸드폰의 위치는 기억이 잘 안 난다. 그럴 때 하는 게 바로 지나온 길 되감기다. 무슨 생각을 했고, 무슨 행동을 했고, 어떤 위치에서 이동했는지 되짚어가다 보면 핸드폰이 거기에 있다. 머릿속으로 더듬더듬 짚어가며 내 행적을 좇아가다 보면 잊어버린 핸드폰을 찾듯 내가 즐거워질 수 있는 힌트를 발견할 수 있을 것이다.

나답게 할 때 가장 편안하고 잘 할 수 있다. 불편하고 불안할 땐 멈추어 서서 나다운 것인지 점검해 볼 때이다.

재미없는 인생, 즐겁게 해 준다

주위를 둘러보자. 취미가 평생 친구가 된 그림을 그리고 그림에 관해 이야기하는 그림 에세이 모임에 참여했다. 그림 그리기를 즐기는 사람들과 만나는 시간이 내게 휴식이 되고 즐거움이 되었다. 혼자 그리려면 재미없다. 나는 혼자 있는 것도 즐기지만, 사람들과 생각을 나누고 감성을 나누는 것이 좋다. 그림 에세이 모임을 다닌 것은 딸이 초등학교 6학년 때였다. 광화문에 있는 대림미술관 근처 '미술관옆집'이라는 카페에서 각자 그림을 그리다가, 정해진 시간에 모여 앉아 그날 그린 것과 느낀 것을 이야기하는 시간을 가졌다. 처음엔 혼자 참석하다가 사춘기 딸과 함께 갔다. 딸과 함께 지하철 타고 가면서 세상 구경을 했다. 그림에 관해 이야기를 나눌 때만큼은 사춘기로 예민해진 딸이 아니라 어엿하게 자신의 말을 하는 한 사람을 만날 수 있었다.

어른의 모임이지만, 나이와 성별을 초월한다. 아이라고 아이로 대우하지 않고 하나의 인격체로 대하고, 경청한다. 참 소중한 순간이다. 아이에게도 어른에게도 자기 이야기를 하고, 다른 이의 이야기를 듣는 시간은 자신을 객관적으로 바라보고 느낄 수 있는 시간이 된다.

연말에는 그해에 그린 그림들을 모아 작은 소책자를 만들었다. 그간 모임에서 그린 그림들을 모아보며 함께 나눈 이야기들을 꺼내어 보았다. 아이도 자기 그림을 되새기며 고르며 즐거워했다. 작은 책자가 만들어지는 과정을 지켜보았다. 삶이 모이고 이야기가 모이고 그림이 모였다. 책자를 받아보는 이에게도 자기 이야기를 담으라고 그릴 수 있는 페이지도 있다. 아이와 함께 만든 첫 책이다.

그러고 보니 내게는 책 쓰기도 로망이었다.

〈그림 에세이 화보집〉

〈그림 에세이 모임〉

그다음 해에는 유학 간 딸 대신 초등학생 아들과 함께 그림 에세이 모임에 다녔다. 친구 준희와 아이들도 끌어들여 함께 그렸다. 좋은 것은 함께해야 기쁨도 배가 된다. 아직도 아들은 그때 즐거웠던 것을 떠올리며 또 언제 하느냐고 한다. 맑은 날 맘껏 그리고, 맘껏 놀고먹었던 그 날이 자주 떠오른다. "즐거웠어!" 하며 미소 짓는다.

이런 순간을 포착하자.

좋아하는 것을 하면서 나누는 이야기는 더욱 친근하고 신난다.

그림을 예로 들었지만, 다른 활동도 그렇다.

뉴질랜드에서 회사생활을 하면서 사진을 찍는 친구가 있다. (남편 친구이며, 나의 페이스북 친구이다.) 그의 사진을 볼 때마다 절로 감탄사가 나온다. 같은 풍경을 보고 찍어도 사진 전문가가 찍은 사진은 비교할 수 없다. 나에게는 그림을 좋아하는 친구들이 많고, 그에겐 사진을 찍는 친구들이 많다. 페이스북에서 댓글로 만나는 이들을 보면 그렇다. 인생사진이라 부를 사진들을 공유하며 서로 응원하고 격려한다. 감성이 통하는 순간이다. 서로를 이해하는 사람들끼리 나누는 교감은 인생을 풍요롭게 한다.

자전거를 타는 사람들이 만나기만 하면 하는 이야기가 있다. 자전거 라이딩 장소 이야기만으로 밤도 새울 수 있어 보인다. 자전거에 대해서 이야기가 시작되면, 그들의 얘기가 봇물 터지듯 쏟아져 나온다. 좋아하는 것에 관한 이야기 자체가 즐거운 것이다. 좋아하는 활동이 있다면 활동 친구가 있으면 더 좋으리라. 만나기 어려운 상황이라면, 페이스북, 블로그, 인스타그램 등을 통해서 동일한 취미를 가진 사람들과 교류해 보기를 권한다.

요즘 나는 인스타그램 계정도 흥미별로 만들어서 활동하고 있다. 부캐(부가 캐릭터)라고 부른다. 본캐는 나의 일상이라고 한다면, 부캐는 그림 그리는 나에 대한 것이다. 해시태그로 그림 관련된 것을 달아 놓고, 전 세계에 있는 그림 그리는 사람들을 방문한다. 내 감성에 닿는 그림을 보면 '좋아요'를 하고, 댓글을 달아서 내가 감상한 바를 적는다. 진심을 담아서 댓글을 달아놓으면, 반가워하고 서로 구독하게 된다. 아주 친한 사이가 되지 않더라도 그 사람의 작품에 공감하고 감동하고 이야기하는 것이 좋다.

취미는 평생 친구가 된다

주위를 둘러보자. 취미가 평생 친구가 된 이들을 만날 수 있다. 반려 취미란 말도 있다.

"이제 나도 내 인생을 찾고 싶다. 분가해라."

10년 전 시어머니께서 우리 식구들을 거실로 부르셔서 중대 발표를 하셨다. 우리 가족은 시댁에서 5년간 함께 살았다. 첫째 아이가 태어나고 집을 합쳐서 살았다. 모시고 살았다고 하기보다는 시부모님 품 안에서 살았다고 표현하고 싶다. 첫째 아이가 여섯 살이 되고, 둘째 아이가 세 살이 되던 해에 어머님께서 독립선언을 하신 것이다.

어머님은 우리가 분가한 후, 바로 자전거 강습을 받으셨다. 두발자전거 타는 법부터 배우셨다. 두발자전거는 어린아이일 때 배우는 것으로 생각했는데, 환갑이 다가오는 나이에 두발자전거를 배우신 것이다. 따라서 다른 사람들보다 진도가 더디 나갔다.

주민 센터에서 하는 자전거 강좌였다. 대부분 두발자전거는 탈 수 있는 상태에서 라이딩을 배우셨는데, 어머님은 자전거 타는 법부터 배우느라 다른 사람들보다 더 힘드셨다. 세 번째 수강하고 나서야 과정을 통과하셨다. 오른팔이 짧으셔서 처음에 탈 때 균형이 맞지 않아 무게 중심이 쏠려서 핸들이 돌아갔다. 15도 각도 되는 길에서 안정적으로 탈 수 있어야 통과되는 과정이었다. 통과 못 하는 사람은 이제까지 한 명도 없었다고 한다.

"강사님에게 미안해서 수업할 때마다 강사님께 자판기에서 음료수를 뽑아 드렸어. 그래도 자전거 배우는 것을 포기하지 않았지. 심지어 바보 아닌가 하는 생각까지 들었다니까! 계속 시도하시면서 이 궁리 저 궁리하다가 엉덩이를 안장 뒤로 쑥 빼니까 되더라."

자전거를 타게 되자 자전거가 어머님의 날개가 되었다. 그래서 자전거 이름을 '날개'라고 지으셨다. 얼마 되지 않아 어머님은 목동에서 의정부까지 자전거 타고 다녀오실 정도로 자전거를 유창하게(?) 타게 되셨다. 춘천, 제주, 대마도, 중국 등 자전거로 어머님의 세계는 넓어

〈시어머님과 자전거 친구〉

졌다. 70대가 되어가는 지금도 여전히 날개 달린 듯 자전거를 타고 세상으로 나아가고 있다.

자전거 동호회에서 라이딩 하는 곳에서 찍으신 사진들을 보면서 어머님에게 자전거가 얼마나 즐거운 활동인지 느낄 수 있다. 자전거를 즐기는 비결이 있으신가 해서 여쭤봤다. 자전거 타는 것을 운동한다고 생각하지 않으셨다. 친구들하고 소풍하고 놀러 간다는 기분으로 하신다. 운동이라 생각하면 힘들 수도 있다. 소풍 간다고 생각하니, 기다려지고 설레는 거다. 허리가 아프고 팔이 아파도 신나게 자전거 타러 다니신다. 자전거를 더 타기 위해 평소에 스트레칭도 하시고 몸을 만드신다. 손주들 보살피느라 몇 년간 취미 생활을 못 하셨던 시간이 참 죄송하기도 하고 감사하기도 하여 늘 어머님의 독립선언을 떠올리곤 한다.

더 늦기 전에 어머님이 하고 싶으셨던 것을 하실 수 있어서 참 다행이다. 자전거 타실 때는 더 이상 할머니가 아니다. 당당히 나아가는 라이더의 모습이다. 팔이 아프거나 허리가 아프더라도 자전거를 타기 위해 늘 몸 관리를 하신다. 어머님에게는 활력과 즐거움의 원천이 자전거이다.

손주들과 해남에서 서울까지 자전거로 완주하는 것이 또 하나의 꿈이다. 주말에 손주와 자전거로 장거리를 타보시고, 좀 더 훈련을 시켜야겠다고 하셨다. 잘 타긴 하지만 아직 장거리는 무리겠다고 진단하셨다. 할머니랑 해남까지 자전거 타고 가려면 더 연습하라고 손주에게 말씀하신다. 어디서 그런 힘이 나오는지… 좋아하는 마음과 즐기면서 지속해 오신 것이 힘이라고 믿는다. 자전거는 친구가 되는 연결 고리다. 손주와도 자전거 친구가 된다. 십 년 넘게 꾸준히 즐기는 활동은 진정 찐한 친구다.

2021 여름, 드디어 손주와 자전거 여행을 한다. 아들이 할머니, 할아버지와 함께 평택까지 지하철 타고 가서 수원까지 자전거를 타고 왔다. 자전거를 사랑하는 할머니는 손주가 부쩍 커서 자전거를 제법 타니 기특하다. 할머니댁에 갈 때는 으레 자전거 탄다고 생각하는 아들이 손발이 척척 맞으니 얼마나 좋은가?

나를 빛나게 한다

한국도로공사 위재복 씨(내편)는 수영을 좋아한다. 몇 년 전에 동네 청소년수련관 수영장에서 수영을 함께 시작했다. 난 만년 초급반 에이스로 남아있다. 재복 씨는 몇 년간 수영을 계속하고 있다. 수영은 열정이 되었고 최대의 관심사가 되었다. 쉴 때도 유튜브로 수영 영상을 본다. 여러 나라의 언어로 나오는 수영 영상을 애청하고 있다. 영어로 된 콘텐츠를 열심히 보고 있길래 대체 뭘 보는데 저리 진지하고 재미있을까? 핸드폰 화면을 보고 혀를 내둘렀다. 영어 공부하는 줄 알았는데, 수영 노하우를 보여주는 유튜브 영상을 보고 있었다. 수영이 제일 재미있는 수영인이다.

어떤 동네에 가든 수영장의 위치부터 파악한다. 그래서 그의 블로그에 가면 각지의 수영장 정보를 찾아볼 수 있다. 현재는 구미, 김천 지역의 수영장을 섭렵했다. 코로나로 인해서 수영장 여는 곳이 별로 없어서 더더욱 수영장 정보가 수영인들에게는 꿀 정보다. 블로그에서 어떤 분야에 집중적으로 포스팅을 하게 되면, 상위노출이 될 확률이 높아진다. 그만큼 사람들이 관심 있고, 콘텐츠가 검증되기 때문이다.

수영 블로거로서도 기대가 된다.

수영에 열정이 있으니, 철인삼종경기에도 관심을 가졌다. 자전거 타는 훈련을 하고, 달리기 연습을 했다. 2년 정도 단련을 하고 통영에서 열린 철인삼종경기에 도전했다. 첫 출전이었는데, 완주했을 뿐 아니라 성적도 우수했다(순위권이라는 말은 아니다). 혈압이 높아 걱정되면서도, 도전하고 즐기는 모습이 멋졌다. 완주하고 결승점에 들어오는 남편의 사진은 많은 것을 담고 있다. 수영으로 시작하여 자전거, 달리기까지 한 것이다. 시작은 수영이었고 결과는 철인이었다.

〈철인 삼종경기〉

마라톤을 하는 박종성 부장 역시 즐거운 일상을 디자인하는 대표 선수다. 사람들과 어울려 이야기하는 것을 즐기는 박 부장님은, 회식이 있는 날이면 11시에 사라지는 회식계의 신데렐라다.

아침마다 달리기하느라 밤 11시가 되면 집으로 향한다. 음주·가무를 좋아하고 흥겹게 즐기지만, 다음날 운동을 위해 자기조절을 한다. 마라톤 대회도 주기적으로 참가한다. 달리기를 너무나 좋아하고 그 속에서 행복을 느끼고 기뻐하는 모습이 보기 좋다. 어떻게 달리기를 시작하게 되었는지 궁금했다. 처음엔 수영으로 시작했다고 한다. 고혈압 수치가 높아져서 시작한 운동이 수영이다. 수영 역시 매일 아침 거의 빠지지 않고 했다.

어느 날 수영장에서 친한 형님이 달리기도 해보라고 권유했다. 단거리 마라톤 대회에 나가기 시작하여 정식 마라톤까지 나가는 것을 목표로 세우고 꾸준히 훈련했다. 운동하는 자신이 좋고 행복하다. 그에게 수영과 달리기는 활력과 자신감을 주는 친구다. 고객사를 상대로 기술 지원을 하는 업무를 하는 그는 일이 잘 안 풀리거나, 업무가 많아서 힘들 때도 아침 달리기를 통해서 체력뿐만 아니라 마음까지도 리셋을 한다. 스트레스를 받다가도 자신이 좋아하는 주제로 이야기할 때면, 언제 그랬냐는 듯 신나게 이야기를 풀어낸다.

좋아하는 운동을 하기 위해 자기 관리를 하고, 운동하는 시간을 온전히 자신을 위해 쓴다. 즐거운 활동을 하는 것은 자신에게 주는 선물이다. 주위 사람들에게도 그 에너지가 전달된다. 수영과 달리기 이야기를 들을 때마다 나도 신난다.

　　우리의 일상을 빛나게 하는 순간들이 있다. 매일 마시는 커피, 매일 다니는 길도 내가 좋아하는 것을 할 때 더욱 맛나고 신나고 즐겁다.

나를 대변해 준다

내가 즐거워서 하는 활동은 나를 대변해준다.

- 나는 그림 그리기가 즐거운 사람이다.
- 나는 관현악단의 음악을 즐겨 듣는 사람이다.
- 해금과 칼림바를 배우고 즐기는 사람이다. 나는 악기 연주를 잘하지 못한다.
- 나는 기록하는 것을 좋아한다.
- 사진찍기와 영상 촬영을 즐기고 편집도 좋아한다.
- 나는 운동을 잘하지 못한다. 하지만 꾸준히 개인 운동을 시도한다.
- 나는 책을 좋아한다. 책은 나의 액세서리 같다.
- 나는 글쓰기를 좋아한다. 꾸준히 글을 쓰고 있다.

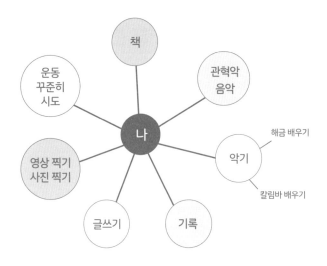

내가 좋아하는 활동들이 내 이야기를 해 준다. 가까운 사람들이나 처음 만나게 되는 사람들과 이야기할 때 아이패드에 있는 내 그림들을 보여 준다. 내가 즐겁게 하는 것이기 때문이다. 이보다 나를 더 잘 표현해 줄 수 있는 것이 있을까? 내가 즐거운 것을 찾고 실행하는 이야기가 내가 만나는 사람들에게도 영감을 줄 것이라 믿는다. 나를 소개할 때, 내가 무엇을 좋아하고 열정을 가졌는지 이야기해보자. 즐기는 일상이 내가 누군지 이야기해 준다. 마찬가지로 묻는다. 좋아하는 것이 무엇이고 어떤 것을 할 때 제일 즐거운지. 그 사람을 더 가깝게 만날 수 있다. 나와 비슷한 활동이라면 한참 이야기해도 끝이 없다. 새로운 것이거나 생소한 것이라 할지라도, 호기심을 갖고 이야기 들을 수 있다.

패러글라이딩이 취미인 사람과 이야기를 하게 되었었다. 아이와 같은 반 어머니 모임이었다. 솔직히 난 어머니 모임에서는 뭘 해야 할지 잘 모르겠다. 그래서 대체로 이야기를 듣는다. 직장에 다니면서 어머니끼리 모여서 수다를 떠는 브런치 모임에라도 가려면 휴가를 내야 했다. 가끔은 휴가를 내고 갈 때도 더러 있었다. 왠지 내 아이만 못 낄 것 같은 불안감, 대체 요즘엔 어떤 이야기를 할까 궁금했다. 그런 면에서 패러글라이딩을 취미로 하는 분의 이야기는 신세계였다. 스트레스에 빠져 상담을 받던 중, 의사 선생님의 권유로 시작했다고 했다. 패러글라이딩하면서 호연지기를 느꼈다고 한다. 하늘 위에 올라가면 무섭기는 했지만, 용기를 냈다. 패러글라이딩으로 처음 날아갈 때, 아래로 보이는 풍경들, 점보다 작아 보이는 사람들의 모습을 보면서, 내가 느끼고 힘들어하는 것들이 조금은 작게 느껴졌다고 했다. 마치 내가 패러글라이딩을 하고 있는 것처럼 생생한 이야기에 나도 모르게 빠져들었다. 그분의 시원한 가슴이 내게도 전이가 된 것만 같았다.

그 짜릿한 기분을 간접적으로 경험하는 순간, 시원하고 해방된 기분을 느꼈다. 그분이 하셨듯이 내가 시원해지는 순간들, 내가 즐거운 순간들을 생각해 보면 굉장하다. 나는 말주변이 없고 대화를 주도하는 능력이 부족하다. 하지만 내가 진정 좋아하고 집중하고 있는 것에 대해서는 밤새워 이야기할 수 있다. 나도 설레고, 듣는 사람도 설레는 이야기라면 말이다.

나를 떠올리면, 아이패드 드로잉이 떠오르고, 내 책이 떠오르면 좋겠다. 한 사람에게라도 자그마한 도움이 되고 싶다. 어떤 점일지 모르겠다. 혹시라도 마음이 전해졌다면, 주위에 있는 분들과 나누면 좋겠다. 내게도 알려지는 기적이 일어나기를 바란다.

좋아하는 것을 이야기할 때 아우라가 생긴다. 즐거운 아우라를 가진 사람들을 만나는 것이 참 좋다. 용기가 생긴다. 즐거운 에너지가 내게도 전달된다. 기뻐진다.

차 한 잔, 대화 한 잔

인사동 경인미술관 카페에서
포근한 대화 한 잔 하세요.
언 마음을 녹여주는 그림입니다.

Into the Alley

내가 지나온 길과
만들어가는
꿈을 떠올려보세요.

골목집

골목을 돌면 나오는 편안한 공간으로 초대합니다
마음을 다독여줍니다.

인생책방

마음을 다독여주는 인생책방입니다.
고마운 마음을 전하세요

제 **3** 장

지금 나를
대표하고,
즐길 권리를
누려라

나 자신에게 귀를 기울이기

특히 직장에 다닐 때는 자신에게 귀 기울일 여유가 없다. 생각해 보라. 당신은 왜 일하는가? 일도 취미도 왜 하는가에 귀 기울여야 한다. 돈을 벌기 위해 일한다고 말한다. 당신이 좋아하는 것을 하기 위해 일을 한다고 생각을 잠시만 바꾸어보자. 사실이다. 의식주를 해결하고 가족의 생활을 윤택하게 한다. 그것이 다일까? 당신은 직장인이기 이전에 한 사람이다.

이 책을 쓰면서 끊임없이 질문했다. 과연 즐거운 일상은 어디에서 시작해야 할까? 시작은 늘 나로부터 시작하기로 했다. 나만 아는 비결은 아니다. 진지하게 생각해 보기 전에는 아마도 잊고 사는 것 중 하나가 아닐까? 이 책을 읽는 당신은 어쩌면 이 단계를 훨씬 지난 사람일수도 있다. 그렇다고 해도 다시 한번 말하고 싶다. 굉장히 중요하다.

특히나 일하는 사람들에게는 자신을 먼저 내세우기 전에, 가족, 회사, 고객을 먼저 생각하라는 끊임없는 세뇌에 빠져 산다. 그건 일을 할 때다. 그게 프로다. 그런데 일하는 나와 그 외의 나를 분리해야 한다.

일이 너무 지나치면 일 중독이라 부른다. 어찌 보면 멋져 보인다. 그것이 프로 같아 보이기 때문이다. 내가 빠지고 일만 남았다면, 알맹이가 빠진 부풀어 오른 공갈빵이다. 크고 바삭하고 맛있긴 한데 먹고 나면 배도 안 부르고 입맛만 다시게 된다. 내가 중심에 있어야 한다. 그래야 탄탄하다. 함께 일하는 사람, 주변 사람들도 행복해진다.

나 자신에게 귀 기울이는 방법을 여러 가지 제시했다. 나 자신에게 귀를 기울여서 어떻게 즐길 권리를 누릴 수 있으려나?

나 자신에게 귀를 기울이고 일도 잘하고 인간관계까지 좋아질 수 있는 일석 3조의 비법이 있다. 2년 전 저자 특강에서 만나 팬이 되고 정신적 멘토가 된 김희양 작가님 이야기가 도움이 된다. 〈적게 일하고 크게 어필하고 싶을 때 읽는 책/ 다 잘하고도 한소리 듣는 직장인을 위한 커리어 매뉴얼〉이라는 책이다. 나는 작은 변화로 크게 어필하는 책이라고 바꿔 부르고 있다. 요즘은 성공도 작은 성공의 법칙이 있을 정도로 작은 것이 주는 효과가 크다는 것을 사람들이 많이 깨달아가고 있다. 작은 행동의 변화, 말의 변화, 표정의 변화, 태도의 변화가 어떻게 크게 어필하여 상대가 내 편이 되는지, 그리고 그것이 어떻게 내 삶을 즐거운 쪽으로 변화되는지 직접 느껴 보기를 권한다.

SABA, SABU라는 다소 낯선 개념이다. 집에서 1시간 30분 걸리는 작은 책방 악어책방에서 저자 특강을 들으러 딸과 함께 지하철 타고 갔다. 책을 다 안 읽은 상태에서 저자 특강에 가자니 너무 준비가 안 된 것 같아서, 가는 내내 책을 뒤적였다. 그러다가 SABA라는 약어가 눈에 띄었다. 앞쪽에서 언급이 되어서인지 무엇의 약자인지 찾지 못했다. 열심히 들춰 봤는데, 결국 못 찾았다. 우리는 그 궁금증을 갖고 약어책방에 도착했다. 이 또한 좋았다. 궁금한 것이 있을 때 더 집중할 확률이 높아진다. 게다가 흥미진진하고 감동까지 있는 저자의 이야기에 푹 빠져들 때쯤 드디어 SABA, SABU가 나왔다. 입이 근질근질했다. "그래서 무엇의 약자란 말인가?" 끔뻑끔뻑…

답을 말해주는 대신, 반대로 질문을 던지셨다. 아이쿠! 예상 질문이었구나! 열심히 짜 맞추며 왔건만… Small Act까지는 알았고, Big Appreciation이라고 답했다. "오~ 그것도 괜찮네요." 라고 하시는 것을 보니 틀렸지만, 얼추 뜻이 통했다. Small Act Big Appeal이었다. SABU는 아무리 해도 떠오르지 않았다. 포기했다. SABU는 Small Act Big Upset의 약자였다. 싸바싸바 하는 걸 떠올리며, 소리가 비슷하고 조금 뜻이 다르지만, 또 완전 다르지만은 않은 의미였다.

말 한마디와 웃는 습관이 얼마나 큰 영향을 미치는지 듣고는 무릎을 '탁' 쳤다. 작가님이 업무상 자주 가시는 빌딩이 있다. 주차장에는 차를 댈 공간이 늘 부족하다. 작가님은 주차장 관리하시는 경비원께 늘 선생님이라고 부르고, 따뜻한 미소를 지으며 대화를 한다. 이전 미팅이 늦어져서 서둘러 허둥지둥 주차장으로 들어섰다. 미팅 시간은 다가오고, 주차할 자리가 없을 것을 생각하니 눈앞이 깜깜해졌다. 그때 경비원께서 함박웃음을 지으며 달려오셨다.

"오늘 오시는 날이라 선생님 자리를 남겨두었습니다. 저쪽에 대시면 됩니다."

정기적으로 오는 곳이어서 경비원께서는 작가님이 언제 오시는지 기억하고 계셨다. 별것 아닌 것 같은 진심 어린 행동과 말들이 불러온 결과다.

SABA, SABU를 기록함으로써 얻는 것, 대화거리, 자신의 강점을 파악하기 좋다. 어떤 상황에서 감정이 폭발하는지 알 수 있게 된다. 또한, 좋은 행동과 좋은 말을 통해 어떤 영향이 있는지 경험할 수 있다.

해 보고 싶다는 마음이 들 때는, 해 보자

'뭐하고 있어? 어~ 고것 참 재밌어 보이네! 어떻게 하는 거야?'

한 아이가 운동장에 그림을 그렸다. 나뭇가지로 동그라미에 눈코입 그려 넣으니 사람이다. 자리에 쪼그리고 앉아 한참 그린다. 하나둘 구경꾼이 생겼다. 뭐가 재밌는지 깔깔거린다.

"어. 재밌겠다. 나도 할래!"

나뭇가지 구해온 아이들이 저마다 운동장 스케치북을 펼친다. 삼삼오오 모여 이야기 마을을 만든다. 누가 먼저 시작했는지, 무얼 그리는지 알 게 뭐람? 그저 재미있게 그리며 웃으며 친구와 친해지고 땅과 친해진다.

매일 아침 그림을 그려서 블로그에 올리고, 단체 채팅방에 올렸다. 독서한 것을 올리고 소소한 깨달음과 일상 이야기와 사진을 올리는 것만 보다가 별종이 나타난 것이다. 게다가 뭐가 그리 재미있는지 매일 올린다. 하나둘 묻는다. 슥슥 그리는 걸 보니 해 보고 싶은가 보다.

가르쳐 달라는 말을 처음 들었을 때는 흘려들었다. 낙서하는 것도 가르칠 수 있을까? 너무 쉬워서 김새는 건 아닐까?

독서모임에서 드로잉 강의를 해 보라고 〈윈윈시대〉 윤숙희 대표님이 제안하셨다. 아침 독서모임에서 독서가 아닌 드로잉 특강을 하다니! 평일에 출근하느라 참여하지 못하시는 분들을 위해 토요일과 월요일에 특강을 했다. 아침 7시에 단체 드로잉이라니! 수업하면서 그린 그림을 단톡방에 올리니 다른 일정이 있어서 참여하지 못한 분들이 더욱 아쉽다고 하셨다. 운동장에 각자 그림을 그리며, 서로 구경도 하고 묻기도 하는 어린이가 된 기분이다. 평생 그림은 얼씬도 안 하셨다고 하시지만, 내가 그랬듯, 재미있고 쉽다고 이구동성이다.

〈드로잉 수업 후기〉

그림에 대한 긴장을 풀어드렸다.

금손 똥손 나누는 이 시대에 그림이 주는 효과를 함께 누리고 싶어서 용기내어 드로잉 기초 수업을 했다. 엄청 잘 그리지 않아도 자신의 감정을, 자기의 생각을 표현할 수 있다면 이보다 좋은 게 있을까?

나는 일상 그림을 아주 잘 그리는 사람은 아니다. 인정한다. 순간순간 그리는 습관이 있는 사람이다.

하지만 매일 그리는 그림 속에 내가 들어 있다.

그 안에서 내가 숨쉬고

즐기고

웃고

울고

사랑하고

마음을 나눈다.

나다움을 찾아가는 것이다.

그림을 그리는 순간에는 몰입이라는 선물을 받게 된다.

마음도 치유 된다고 한다. 마음으로 느낌으로 공감한다.

용기 내기와 다가가기가 이루어낸 작은 움직임이 아직도 이어진다. 점차 독서노트나 책 귀퉁이에 낙서가 생각을 펼친다. 마인드맵 그림을 그리는 분들도 있다. 그림을 그저 보여 주거나 감상용으로 하는 것이 아닌 생활 도구로 사용한다.

어깨너머로 재미있어 보여 따라해 본 표정 하나, 나무 한 그루! 계속 그리고 활용하는 모습을 보면 내가 한 양 즐겁고 뿌듯하다.

여전히 똥손이라 그림 그릴 용기가 안 난다고 망설이는 분도 얼굴 하나 꽃 한송이 그려 보며 감탄한다.

"그림이라 하면 잘 그려야 한다는 부담을 갖고 있었어요. 동글동글 그리다 보니 그림은 나를 위해 그리는 거란 걸 느꼈어요. 시간 가는 줄 모르겠고, 휴식 같아요."

해 보는 거다. 종이 한 장, 펜 한 자루 꺼내어. 그어보자.

집으로 퇴근 대신 취미로 퇴근하라

"퇴근은 언제나 옳다."

퇴근 후의 삶은 온전히 나의 것이어야 한다. 퇴근만 하면 기분이 좋아진다. 퇴근 전의 시간도 즐거우면 좋겠다. 좋아하는 일을 하는 사람이든 좋아하는 취미를 하는 사람이든 기분이 좋다. 회사에서 많은 것을 쏟아내고 퇴근하는 사람들의 뒷모습을 바라본다. 어디론가 바삐 가는 사람, 집에 꿀단지라도 묻어놓은 듯 집으로 쏙 들어가는 사람, 제2의 출근을 하는 사람, 학원에 가는 사람, 운동하러 가는 사람, 어디론가 만남으로 향하는 사람.

분명 퇴근은 직장인에게 축복의 시간이다. 집에 가면 바로 TV, 게임, 핸드폰에 빠져들기도 한다. 또는 밀린 집안일을 애써 외면하며 소파에 눕거나 앉아버린다. 아이를 어린이집에 맡겨서 아이를 만나러 가는 길일 수도 있다. 퇴근은 휴식을 의미하기도 하고 직장 외의 의무와 책임의 시간이 되기도 한다.

직장맘에게 퇴근은 여러 가지 얼굴을 하고 있다. 직장파파도 마찬가지라고 지친 얼굴로 말한다. 난 통근하는 시간이 한 시간 정도 걸렸다. 출퇴근하는 시간은 나 혼자만의 시간이다. 퇴근하면서 책을 읽고, 온라인 수업을 듣고, 오디오 북을 듣고, 영화를 본다. 지하철에서 둘러보기만 해도 느낄 것이다. 자기만의 시간을 핸드폰이나 책을 보며 무언가를 하고 있다.

퇴근에도 즐거운 기대감이 있으면 좋다.

회식 말고.

집에 도착해서 저녁 먹고 나면 하루는 순식간에 지나가 버린다. 먹는 것이 해결된 후, 가족들과 간단한 대화를 하며, 다시 각자의 세계로 들어간다. 일주일에 며칠 정도는 정해놓고 취미로 퇴근하는 시간을 가져 보자. 자신에게 주는 선물 같은 시간이 된다.

재택근무하는 경우에도 어쨌든 퇴근을 하자. 밤에 퇴근이 힘들면 낮에라도 퇴근해 보자. 내가 잘 못 하는 게 퇴근이다. 집에서 가정을 위해 일하시는 분이나 가정의 일도 하고 사회와 경제를 위해 일하는 경우에도 마찬가지다. 취미로, 쉼으로 퇴근하는 선물을 꼭 해 보기를 나에게도 말한다. 시간을 꼭 정하고 알람도 해 놓고 실천해 보려고 한다. 참 어렵다.

출퇴근 시간이 평균 한 시간 이상이었다. 왕복 세 시간 출퇴근하던 적이 있었다. 항상 책을 끼고 다녔다. 지하철을 타고 가는 동안에는 책을 읽었다. 지루하고 피곤한 장거리 출퇴근, 하루 세 시간을 가장 보람 있는 시간으로 만들었다. 지금도 책상에 앉아서 책을 읽는 것보다 지하철에 서서 잠깐 책을 읽을 때가 더 집중이 잘 된다. 어떤 책을 읽었는지 기억도 안 날 정도로 오래전이다. 지금은 스마트폰이 손에 딱 붙어 있다. 그래도 여전히 책은 갖고 다닌다. 책을 들고 있더라도 자꾸만 책을 멀리하고 스마트폰에 빠져 있다. 취미가 뭐냐고 하면, 독서라는 진부한 (?) 대답을 했다. 일하는 시간 외에 나를 위한 시간에 하는 활동 중 하나가 독서였으므로. 가장 손쉽게 할 수 있는 활동이었다. 사람에게는 의식주 외에도 '좋아하는 활동'이라는 양념이 있어야 한다. 좋아하는 활동을 하며 즐거운 순간들이 모인다. 이 순간들을 모아 살아가는 힘을 끄집어낼 수 있다고 확신한다.

퇴근 후의 시간도 당신 편이 되도록 디자인해야 한다. 코로나로 기술이 일터와 삶에 적용되는 속도가 엄청나게 빨라졌다. 시간과 공간의 개념이 급격하게 변화했다. 5년은 빨라졌다고 한다. 사람은 그대로인데 시대가 바뀌었다. 온 세대가 함께 5년을 앞서간 것이기에 사람마다 받아들이는 것이 다를 수밖에 없다. 새로운 툴을 사용하고, 새로운 시스템을 사용하게 되었다. 분명 같은 시간을 살아가는데 받아들이는 속도와 열의가 다르다. 퇴근 이후에도 배우고, 즐기고, 일하고 바쁘다. 습관이 되도록 디자인해 보자. 즐거운 일상의 습관 패턴을 만들어 보자. 처음엔 의식적으로 계획적으로 억지로라도 해 본다. 그리고 그 시간을 감정해 본다. 좋아하나? 즐거운가? 활력을 주는가? 퇴근이 즐거워지는가? 맘 잡고 해 보라는 말밖에 할 수가 없다.

여기, 지금: 할 수 있는 바로 지금 한다

대체 언제 취미생활을 하고, 언제 나를 찾는 시간을 갖냐구요?

그러게 말입니다. 여기저기서 아우성입니다.

"바빠요. 너무 바빠요. 온 국민이 다 바빠요. 그래서 빨라야 해요. 밥도 빨리 나와야 하고 빨리 먹어야 하고, 학교도 빨리 들어가야 하고 성공도 빨리 하고 싶어해요."

솔직히 아무리 바빠도 맘대로 빨리 되는 일이 얼마나 될까?

하물며 일하는 것도 아니고 자기자신을 찾는 이 개인적인 일이 얼마나 시급한 것일까? 미루게 된다. 잠시만 일 하고, 아이들 다 키우고, 성공하고… 그렇게 미루다가 인생의 어디쯤에서 알맹이가 빠진 빈껍데기를 마주한다면, 이조차 빠르다. 죽는 순간이 다가오고서야 아차 한다. 마음에 감기가 들고, 몸이 아프고, 움직이기 힘든 상황에 가까이 가서야 아차 한다. 나는 누구인가, 나는 무엇을 위해 살았나, 내가 좋아하는 것은 무엇인가, 나는 괜찮은가.

그러니, 지금 이 순간 마주하고 있는 순간은 그리 늦지도 느리지도 빠르지도 않다. 여기, 지금 존재하며 나누는 순간이 바로 좋은 때다.

독서모임 감디독(감정을 디자인하는 독서모임)에서 만난 워킹맘, 김보배 작가(이하 보배 작가)는 출퇴근 전후 시간을 하고 싶은 일에 투자한다. 출근하기 전은 온라인 독서모임에 접속한다. 줌(ZOOM)을 켜고 책을 읽는다. 아이들이 깨기 전이면 온전히 그 시간은 책을 읽고 기록하는 시간이다. 가끔은 아이가 일찍 깨서 엄마를 찾으면 옆에 앉아 함께 책을 읽는 모습을 만난다.

엄마라는 이름이 인생에 들어오면서 일상은 아이를 중심으로 짜여진다. 야근을 할 때 아이가 자다 깨어 엄마 찾으며 울 때면 남편이 어르고 달래다가 결국 엄마는 부득이 집으로 소환된다. 회사가 집에서 가까워서 좋기도 하고 분리가 안 되기도 한다. 그래도 아이 키울 때 회사가 가까운 건 큰 복이다.

보배 작가는 아이가 둘이다. 어린이집에 다니고, 회사에서 1분 거리에 있다. 첫째는 하원 후 보배 작가가 태권도장에 보내고, 둘째는 아빠가 데리고 다닌다.

나에게 아킬레스였던 질문, 가장 즐거웠던 순간이 어떤 순간인지 물었다. 순간 표정이 환해지면서 첫째랑 그림그리는 순간이라 했다. 나와 함께하는 드로잉 수업에서 종이 보지 않고 서로 그려주기를 하며 깔깔 웃었다고 한다. 아이가 그린 그림을 보며 엄마랑 똑같다고 하고 더 예쁘다고 하며 옥신각신 즐거웠다고 한다. 그 즐거움에 내가 조금 끼어 있어서 나도 행복하다.

규민이는 줌에서 나의 절친이다.(내가 그리 생각한다) 최연소 수강 작가님이다. "김규민 작가님" 하면 눈에 힘이 들어가고, 어깨가 펴지며, 당당한 작가님으로 화면을 응시한다. 엄마 옆에서 그린 그림을 설명해 준다. 보배 작가님이 즐거운 순간으로 떠올린 그 시간, 나도 즐겁다. 웃음이 난다.

〈규민이가 그린 보배 작가〉

〈규민이가 그린 보배 작가〉

 sunstarsea #엄마표미술놀이

첫찌가 그려준 엄마모습^^
가끔 아이눈에 비친 내모습이 이렇게 엉망인가 싶다가도
왼손으로 불편하지만 즐겁게 그린 모습보면
(오른손잡이 엄마가 보기엔)
마냥 감사하고 신통방통하다*^^*

모아놓고보니
내 머리가 점점 길고 있는 모습도 보이고
아이의 그림 실력, 표현력, 생각주머니가
점점 자라고 있음을 느낀다♡

#피카손
라미작가님 수업에 참여할때
첫찌도 함께 참여할때가 많다.
그중에 첫찌가 가장 즐거워하는 피카손되기!
상대방의 얼굴을 그리되
종이(아래)는 절대로 보지 않고 그리기!!

그리는 내내 싱글벙글~
그린것 보며 까르륵~💕

"엄마눈에 내가 있어!!"
"네 눈에는 엄마가 있어!!"

사랑이 샘솟아요..🐢

🍀아이의 그림을 기록합니다
🌿아이의 말을 기록합니다

91

참~ 예쁜 작가님들이다.

"엄마 눈에 내가 있어!!"

"네 눈에는 엄마가 있어."

서로 얼굴만 보며 그리는 그 순간에 눈을 바라보며, 자신이 담겨 있음을 느끼고 표현하는 것이 참 소중하다.

드로잉 수업을 듣기 시작하면서 아이와 하는 놀이가 하나 더 늘었다며 즐거워한다. 책 읽어 주고 그림 그리는 정적인 것만 한다고 한편으로는 걱정하곤 한다. 엄마도 아이도 즐거운 걸 해야 서로 좋다. 아이가 그림 그려 달라 해서 그려 준다. 엄마 생각엔 못 그려도, 아이 눈에는 세상 어떤 그림보다 좋다. 그림을 계속 그리면서, 표현할 수 있는 표정도 다양해져서 그려 주는 맛이 더하다. 엄마가 최고다.

엄마가 하는 취미가 육아에 활용된다. 특정 시간을 정해서 그리는 건 수업시간이고, 일상의 순간순간 마주치는 모든 것이 소재가 된다. 아이 옷에 있는 그림이 눈에 들어와서 그린다. 점심시간에 김밥을 먹으면서도 김밥 포장지에 그려진 일러스트가 유혹한다. 일부러 어떤 공간에 가서 배우는 것이 아니라 생활 속에서 모든 것이 가르쳐 준다. 즐겁게 그리기 때문이겠지? 억지로 그리라 하면 그림만 봐도 밥맛이 뚝 떨어질 정도로 긴장하고 부담스러워할 것이다. 그런데 자동으로 그림 정보가 들어온다. 그걸 느끼며 미소짓는다.

취미! 더 이상 맘잡고 앉아 폼잡으며 하지 않아도 가능한 것이 분명 있다. 그건 나 자신이 제일 잘 감지한다. 어른의 취미도 아이의 놀이처럼 자발적이어야 하고, 하고 싶어 설레고 몸에 배야 한다.

회사 다니랴 대학원 다니랴 아이들 돌보랴 시간이 어디 있을까 한다. 보배 작가의 비결은 무얼까?

하고 싶은 것을, 할 수 있는 순간에 즐기면서 하는 것이다.

취미는 힐링이 되는 순간이다

디지털로 지친 일상, 아날로그로 푼다.

디지털 디톡스라는 말이 나올 정도로 우리는 디지털 세상에 스스로 가두는 일상을 살고 있다. 일주일 내내 온라인 수업이 빼곡히 채워진 온라인 배움족의 삶, 그 안에서 얻고자 하는 것은 무엇일까? 돈을 버는 방법에 대한 강의, 책 쓰는 강의, 영화나 그림을 통한 인문학 강의, 목소리 코칭, 시낭송, 동화구연, 마인드맵, 노션, 파워포인트, 스피치, 각종 자격증 과정에 이르기까지 세상 배우고 싶은 것들이 펼쳐져 있다. 클릭 몇 번이면 내가 앉은 자리가 교실이 된다. 편리하게 강의를 들을 수 있는 만큼 휴식 공간과 배움의 공간이 분리되지 않는다. 그 속에서 균형을 찾아야 하고 힐링이 되는 것을 찾아야 한다.

나 역시 즐거운 일상을 만드는 이야기를 하기 위해 여러 가지 활동을 코로나 시대라는 것을 감안하여 집콕 생활을 기본으로 시도했다. 장소는 집이라도 만나는 사람은 전국구이고 전세계이다. 드로잉으로 인연이 되는 사람들의 이야기다.

내가 즐기는 활동이 다른 사람들에게 놀이이고 휴식이 될 수 있다는 것을 온라인 세상에서 사람들과 만나면서 알게 되었다.

고등학교 친구와 줌으로 만남을 시작했다. 내 친구 정준희는 초등학교에서 오카리나와 칼림바를 가르친다. 그러나 지난 2020년에도 코로나로 외부 강의를 하지 못하는 상황이었다. 아이들을 만나 음악으로 자신을 표현하고 행복해하던 친구이다. 즐기며 하는 일을 못 한다는 것은 가슴이 턱 막히는 일이다. 코로나가 불러온 현상이다. 경제뿐만 아니라 개인의 삶의 질에도 영향을 미쳤다. 그러나 인간은 그곳에 머무르려 하지 않는다. 긍정의 순간, 힐링의 순간을 찾아 스스로 치유하고자 한다. 다쳤을 때 새 살이 올라오는 것과 마찬가지다.

"가까이 살고 있다면 좋겠다" 하면서 온라인으로라도 가까이 살자고 했다. 전화통화를 했고, 카카오톡 화상 전화도 했다. 줌 미팅은 왠지 사업적인 미팅이나 수업을 할 때 쓰는 것 같다. 줌으로 얼굴을 보며 한두 번 이야기하니 조금 더 온라인 방식이 친해졌다. 또 다른 친구를 초대하고 친구들 모임을 하고 나니 좀 더 친근해진다. 다른 세계에 사는 것 같아도 기술은 사용해 보아야 실제 용도를 정하게 된다. 줌은 친구와 수다채널이다. 줌은 만남이다.

드로잉 수업을 하게 되면서 준희가 들어와 얼굴을 보여 주며 이야기도 하고 그림도 함께 그린다. 다 함께 각자의 장소에서 같은 마음이 되어 종이에 끄적인다. 누가 시켜서 하는 것도 아니고, 마구마구 어려운 것도 아니고, 보고 느끼는 것을 종이에 흔적을 남기는 것이다. 누구보다도 그림 그리기를 좋아하는 친구다. 수채화 수업을 받으러 다니기 시작했다며 보여 주는 그의 그림에는 편안함과 생글생글 미소가 담겨 있다. 취미가 주는 미소다.

뉴욕에서 스킨케어 사업을 하시는 박영숙 님은 스킨케어 관련 책을 쓰실 때 삽화를 직접 그리고 싶어하셨다. 평생 그림을 그려 본 적이 없다고 하신다. 그림에 소질이 없다고 하시지만 매번 정성스럽게 하나하나 그리시는 모습이 아름답다. 간단하게 그리는 법을 익히시면서 뉴욕에 사시는 시니어 대상으로 그림 수업을 해도 좋겠다고 하셨다. 그림을 그리며 긴장을 푼다. 작은 그림을 그리며 작은 성취감을 바로 그 순간에 느낄 수 있다. 미국에 살고 계시지만 한국에서 배움의 생활을 하고 계신다. 나누기 위해 배운다. 내가 좋아하고 즐거운 것을 내 이웃에게도 나누어 주고 싶은 마음이다.

내가 즐거운 것을 다른 사람들에게도 느끼게 해 주고 싶은 마음이 통했다.

온전히 집중하고 몰입하면서 내 안의 긴장을 풀어 주는 것이 무엇인지 찾아봐야 하는 이유이다. 그 순간 몸과 마음과 감정이 풀린다. 긴장과 회복을 되풀이하며 우리는 살아갈 힘을 만들어낸다. 스스로 치유하는 힘을 길러야 한다.

하루 24시간을 살면서 "아 좋다!"라고 할 몇 초가 있는가? 당장 없다고 느낀다면, 지금부터 관찰하고 만들어 보면 된다. 의외로 가까이 있다. 의외로 쉽다. 나를 위한 힐링의 습관은 현재진행형이다.

즐거움이 사라진 마음의
공간을 찾아보자

내가 비어 있다고 느꼈을 때를 떠올려 본다.

힘들고 빈 느낌이었지만, 그런 기분이 나를 지배하는 것은 원하지 않았다. 하지만 이미 내 마음이 비어 있는 것은 어떻게 해 볼 수가 없었다. 그때 내가 스스로 찾으려고 했던 것은 무슨무슨 취미가 아니었다. 이 공허함에서 나를 구하는 것이었다. 아무리 즐거운 것이 있다고 한들 그게 도움이 될 리가 없다. 나한테 맞는 약이라고 함부로 권할 수 없는 것과 같다.

나는 나의 경험에서 찾으려고 했다. 나 자신에게서 찾으려고 했다.

내 이야기만 한다면, 나에게 통했던 것만 이야기한다면, 과연 공감할 수 있을까? 나를 위한 것은 이미 치열하게 하고 있다.(단, 너무 치열하지 말 것! 그러면 지치고 힘들다.)

책을 쓰기 위해 스스로 질문했다. 공허함에 빠지려 한다고 인식하고, 흘려보내며, 이 또한 즐기며 살 수 있었던 이유를 되짚어 본다.

내가 방황하며 고민한 것이 독자들에게 도움이 될까? 욕심이 생겼다. 내 비법뿐 아니라, 나와 가까운 사람들의 비결도 담고 싶었다.(과욕이었다).

즐거운 순간이 비어 있는 사람을 위해 내가 무얼 이야기할 수 있을까? 지인과 통화하다가 즐겁게 사는 비결을 물어봤다. 당당하고 즐겁게 사는 비결을 들어 보려고 물었다.

"당신은 즐거운가요? 즐거운 비결이 있나요? 들어 보고 싶어요. 괜찮은가요?"

그런데 돌아온 말은 정말 의외였다.

"아니요. 난 즐겁지 않아요. 너무 힘들고 즐겁지가 않아요."

너무나 씩씩하고 즐겁게, 열정을 다해 일하는 사람이다. 일을 사랑하는 사람이다. 즐겁게, 지치지 않고 살아가는 비법이 있으면 들어 보려고 했다. 분명 일하는 모습 외에도 자신을 즐겁게 하는 게 있으리라 넘겨짚었었다. 그런데 돌아오는 말에서는 즐거움이 빠져나간 공허함이 느껴졌다. 충격이었다. 내가 무심했다는 것도 미안했다. 나만 생각했다.

내가 힘들 때, 나를 위로해주고 힘이 나게 해주는 분이라, 기대고만 싶었다. 이기적이게도 나는 즐거운 일상을 만들어가는 묘안을 듣고 싶은 욕심에 물어봤다. 잘 살고 있는 것 같고, 힘차고 씩씩한 사람이 더 힘들어할 수도 있다는 걸 몰랐다.

누구나 그런 순간이 있는가 보다. 무얼 해도 즐겁지 않은 텅 빈 것 같은 그런 순간.

내가 궁금해서 던진 질문이었는데, 내가 답을 찾으려고 던진 질문이었는데, 즐거움이 빠져 버린 것 같다는 이야기가 봇물 터지듯 툭 터져 나왔다. 다행이다. 내가 풀어 줄 수 없는 것이지만, 말하면서 실마리가 풀리기 시작하는 법이다.

누구보다도 분주하고 열심히 성과를 내면서 일하고 있다. 회사에 엄청난 자금을 벌어다 주는 데도, 재미가 없다. 채워지지 않는다. 성공하는 삶, 왜 그곳엔 허무가 있을까? 즐거움에 흥분하고 축하하고 함께 기뻐하고 설레야 하는 게 맞다. 무엇이 빠져 있는 것일까?

가만히 생각해 보면, 우리에겐 연봉도, 칭찬도, 성취도 아닌 즐거움이 필요하다. 기본으로 경제적인 부분이 받쳐 줘야 즐거움도 공허함도 알아차릴 여유가 생기는 걸까? 과연 그럴까?

사소해 보일 수 있으나, 즐겁지 않다면, 대체 무슨 낙으로 살지?

회사에서 능력을 인정받고 있고, 맘껏 발휘하고 있다. 성취하면 되는 건가 했는데, 그것도 아니었다.

내가 힘들었을 때, 나보다 더 크게 울어 줬다. 울지도 못하고 멍했던 그때, 나는 그 울음에 엄청나게 위안을 받았다. 마치 막연하고 멍해져서 눈물도 안 나오는 나 대신에 펑펑 울었다는 생각까지 들었다. 나도 언젠가 위로와 용기가 필요한 사람을 마주하게 되면 진심으로 펑펑 울어 주고 싶다.

십사 년 지기인 내 마음의 친구가 힘들다. 내가 더 크게 울어줘야 할 것 같지만, 그저 옆에 있는 것, 통화하는 것이 내가 할 수 있는 전부였다.

내가 빈 구멍을 채워 줄 수 없다는 것을 안다. 즐거움이 비었을 때는 그냥 멈추어야 한다. 그 자리에 멈춰서 잠시 나를 찾아봐야 한다. 나를 찾을 수 있는 것은 나뿐이다. 용기가 필요하다.

〈당신을 도와줄 사람〉
거울을 보여주며 당신을 도울 수 있는 사람은 당신뿐입니다. 《하버드감정수업》. 45p

멍 때리기
아무 생각 없이 걷기
다시 멍 때리기

티끌 같은 점 하나처럼, 작은 즐거움의 씨앗을 찾아보는 시간을 가져야겠다.

직장생활을 하는 동안 일하느라, 아이가 자라는 걸 지켜보느라, 온전한 나만의 시간을 가져보지 못했다. 누구의 엄마로 살아가고 있다. 아이를 낳고 한 번도 엄마라는 축복과 무게에서 자유로운 적이 없었다고 한다. 일 중독이어도 늘 아이를 생각했다. 아이 엄마의 위치와 회사원으로서의 위치를 잠시 내려놓고 홀로 시간을 갖고 싶어 하는 마음이 닮았다.

조만간 템플스테이에 같이 가자고 했다. 나랑 같이 가고 싶다고 했다. 그러나 한 번도 가보지 못했다. 불교 신자도 아니다. 진정한 쉼으로 떠오르는 것이 템플스테이라고 한다. 나도 가고 싶었다. 그러나 2020년 말 일일 코로나 확진자 수치가 1,000명 이상으로 지속되면서 우리들의 발은 꽁꽁 묶였다. 과연 언제 홀가분한 며칠을 확보할 수 있을까? 과연 어딜 가야 하는 걸까? 난 재택을 하면서 책을 쓰고 종일 집에 머물렀다. 템플스테이고 뭐고 홈스테이를 해야 했다. 상황은 변했으나 여전히 일에 묻혀 살고 있다.

즐거운 일상을 찾을 수 있을까?

꼭 무엇을 해야만 즐거운 것은 아니다. 무엇을 안 하는 것으로도 나를 들여다보고 내 안의 나와 이야기하며 즐거움 세포를 깨울 수 있다.

무엇을 안 하는 것이 더 어려운 시대다. 말장난 같지만, 무엇을 안 하는 것과 잠시 멈추는 것은 닮아 있다. 어딜 가지 못하는 상황이라면, 몇 시간, 몇 분이라도 그 자리에서 가만히 멈추어 보고, 느낌을 말해 보자. 써 보자. 그려 보자.

제4장

즐거운 취미는 살아갈 힘이다

즐기는 것이 경쟁력이다

당신의 경쟁력은 무엇인가? 꼭 경쟁력이 있어야 할까? 경쟁력은 자기 존중감에서 시작한다. 내가 경쟁력 있다고 느끼는 것은 무언가를 성취하고 있고 좋다고 느끼는 것이다.

가장 즐거운 순간을 떠올려 보라는 질문에 바로 즐거운 순간들을 떠올리지 못했을 때 충격을 느꼈던 이유가 무엇이었을까?

'어머나 나 즐겁게 살지 못하고 있던 거야? 잘 살고 있다 자부해 왔는데, 무슨 일이지?'라고 생각했다. 나는 직장에 다니면서 여유로운 얼굴을 하며 세상을 다 가진 자처럼 굴었다. 겉만 그랬었나 보다. 나 자신을 잊고 산 줄 알고 놀란 것이다. 즐거움의 아이콘이고 잘 살고 있는 직장맘이라는 자부심으로 살고 있었다.

퇴사하면서 설렜다.

참 아이러니하게도 착잡한 마음이 잠깐 들었다가, 설렘이 움트고 샘솟는 것을 느꼈다. 이건 무슨 일인가?

즐거움이 사라진 직장생활은 알갱이는 없이 껍질만 남은 호두껍데기 같다. 딱딱해서 겉은 멀쩡해 보이는데, 그 속을 보면 말라비틀어져 있다. 건강할 리가 없다. 알맹이 없이 살아간다는 것은 누구에게나 고역이다. 5년 후 이 회사에서 나는 어떤 모습일까? 무엇을 성취하고 기뻐하고 있을까, 상상해 본 적이 있었다. 깜깜했다.

알을 깨고 나가면 무력할 것이라는 두려움에 새로운 시도를 하기 힘들다. 줄탁동시를 해 줄 무언가가 필요했다. 줄탁동시란 알에서 부화하려면 안에서 쪼고, 밖에서 쪼아주어야 한다.

책을 통해서 하고 싶은 말이 있었다. 책 쓰기를 생각하니 설렜다. 신나게 추진했다. 이 책은 그렇게 시작된 것이다. 용기 내지 못했던 나를 깨고 나갔다. 책 쓰기를 생각하니, 살아갈 힘이 생겼다. 입만 열었다 하면, 어떤 책을 쓰고 싶은지 줄줄 읊어댔다. 언제 식을지 모르는 창작욕에 불안할 틈도 없이 그저 희망에 차서 생각하고 즐기고 기록하고 말하기 시작했다. '나에게 이런 열정이 있구나!' 감탄했다.

내가 그림 그리는 것을 좋아하기는 하지만, 책이라는 것이 더 크게 다가왔다. 책은 글쓰기와 그림을 동시에 담을 수 있다. 처음에는 그걸 깨닫지 못하고 글만 주야장천 썼다. 그래서일까? 참으로 무미건조했다. 상상했던 것보다 글을 쓰는 게 재미가 없는 시기가 찾아왔다. 왜 그럴까 곰곰이 생각했다.

내가 즐기고 있는가를 되짚어 보니, 어느 순간 긴장하고, 잘하려 하고, 욕심부리고 있었다. 그건 내가 원하는 글쓰기가 아니었다. 잠시 멈추었다. 내 마음부터 바꾸었다. 처음에는 내가 가진 것, 내가 아는 것을 나열하려 했다.

'내가 이렇게 했으니, 당신도 이렇게 해 봐라'가 자기계발서다. 그런 책을 쓰길 원하는지 나에게 질문해 보았다. 불편했다. 불편한 것은 내 옷이 아니다.

'왜 그럴까?'

'쓰고 싶었던 주제였는데, 왜 이렇게 불편해진 거지?' 그건 바로 내가 즐거운 이야기를 쓰는 것이 아니라 남이 무엇이 즐거울까를 염두에 두고 쓰니 막막해진 것이다. 내 이야기를 해야 하고, 내가 신나고 좋아하는 것을 쏟아내야 한다. 그리고 내가 하고 싶은 이야기를 해야 나도 즐겁다.

그렇지만, 내가 하고 싶은 이야기 중에서 어떤 이야기를 듣고 싶어 할지도 생각을 해야겠다고 마음을 바꿨다. 그래서 직접 내가 즐거운 일상을 디자인해 봐야겠다고 생각하게 되었다. 내 일상에 귀 기울이며 살아 보기로 했다.

나를 찾아 귀기울이면 길이 보인다

우리는 알게 모르게 즐겁고 행복한 순간들에 귀 기울여 길을 찾아 간다. 간절히 찾으려 할 때 정보가 나를 찾아온다. 마침 마감 며칠 전에 정보를 접해 참여 신청해 본 적이 있는가? 준비도 없이 무작정 신청한다고 생각할 수도 있다. 과연 그럴까? 관심이 없었다면, 하고 싶다는 마음이 없었다면? 그 정보는 나에게 도달해도 무의미한 소음이다. 의미있게 다가오는 정보를 다시 한 번 들여다볼 이유다.

좋아하는 것을 직업으로 삼게 된 사람들은 어쩐지 즐거워 보인다. 반전의 반전을 통해 지금의 내가 있다. 반전은 사색과 결단에서 실행된 결과이다.

감정 놀이연구소 인천지사 대표, N Plus 놀이학교 대표인 감제 황윤수 대표는 고등학교와 대학교에서 건축을 배우고 건축설계사로 몇 년간 일해왔다. 건축을 평생 할 것으로 생각했는데, 지금은 놀이 심리상담사이며 감정 표현놀이 선생님이다. 언뜻 들어도 건축과 상담은 연관이 없어 보인다. 그는 하고 싶은 일을 좋아하며 잘 하는 n잡러다. 이벤트, 놀이심리상담, 감정 표현 교육을 하고 있다.

그는 건축이라는 이미 정한 길로 앞으로만 가면 될 것 같았지만, 자신이 진심으로 좋아하는 것이 무엇인지 멈추어 생각해 보았다. 꾸준히 걸어왔던 길을 접고, 또 다른 길을 선택했다. 인생 신호등 앞에서 진정 이 길을 가야 하는가 고민하고 또 고민했다. 특히 파란불이 들어왔는데 갓길에 차를 세우고 지도를 보고 목표를 점검하고 자기자신을 들여다보는 것이다. 탄탄대로를 달리다가 멈추고 선택하는 것은 굉장한 용기이다.

황윤수 대표는 주말에 아이들을 가르치는 활동을 했다. 내성적이고 부끄러워하는 성격이었던 그에게 유아부에서 PPT를 만들고 PPT를 넘겨주는 일을 해달라는 제안이 들어왔다. 건축으로 직장생활을 하고 있던 그에게, 그 정도는 잘 하겠다는 생각에 유아부에서 아이들을 만나게 되었다. 아이들과 함께 활동하다 보니까 아이들과 하는 활동을 할 때 흥이 나고 표정이 밝았다.

그걸 본 선배가 "황 선생은 아이들과 관련된 일을 할 때 행복한 것 같아"라고 했다. 다른 사람 눈에도 보인다. 그 말을 들은 날, 잠을 이룰 수 없었다. 진로에 대해 고민하고 있을 때 들은 말이어서였을까? 오랫동안 생각하다가 가슴을 파고드는 깨달음이었을까? 그때부터 아이들과 관련된 일은 무엇이 있을까 검색을 시작했다. 주위 사람들에게도 터놓고 이야기했다.

유아기는 인생 전반에 걸쳐 중요한 시기이다. 유아교육과에 관한 검색을 하다가 남성 어린이집 교사 모임을 찾았다. 전국에 35명이 있었다. 먼저 길을 가고 있는 선배들의 조언을 듣고 보면서 깊이 고민한 끝에 유아교육과라는 새로운 전공을 하게 되었다. 졸업하고 어린이집에서 교사로 일하게 되었다. 어린이집에서 2년차가 되던 해에 분노조절이 힘들고 정서가 불안정한 아이를 만났다. 잠을 늦게 자고, 아침을 먹지 않고 오는 아이였다. 부모와의 관계와 가정 환경이 어려워서라는 것을 알게 되었다. 가정 환경으로 인해 정신적, 신체적으로 힘든 아이를 만나면서 놀이와 심리에 관심이 생겼다. 진로를 바꾸게 된 계기가 되었다.

아이들에 관련된 일을 추구함에는 변함이 없었다. 유아 심리나 놀이 치유에 대해 배워야겠다고 마음먹었을 때 지인이 대학원 시험 정보를 줬다. 하고 싶은 과정이 있었는데 주말이라 포기하려던 찰나에 평일에 배울 수 있는 대학원 프로그램을 알게 된 것이다. 심리치료상담과 대학원에서 〈감정 놀이 프로그램이 유아의 정서 지능에 미치는 영향〉으로 논문을 썼다. 심리치료상담 분야에서 인턴과 레지던트로 일하다가 방향을 교육분야로 변경했다. 무작정 결정한 일을 하기보다는 끊임없이 좋아하는 것, 진정 하고 싶은 것이 무엇인지 점검하면서 나아가고 있다.

그는 이벤트, 유아체육, 미술을 하는 유아 전문 엔터테이너다. 이 또한 그가 진로를 고민하고 있을 때, 교회에서 친한 형이었던 유튜브아카데미코리아 유성대 소장이 잠깐 해 보라며 권유하여 시작했다. 유아와 관련된 일을 하고자 했던 그에게 직업이 찾아왔다. 혼자 고민하지 않고 이야기를 나누었고, 기회가 왔을 때 과감하게 시도하는 자세가 지금의 그를 있게 했다. 그가 이벤트 분야에서 활동하는 범위는 유아, 청소년, 성인, 시니어에 이르기까지 넓다.

아이들과 눈을 맞추며, 아이들과 눈빛을 주고받으며 신비한 마술을 선보인다. 아이들은 놀라워하기도 하고 박장대소를 하고 궁금해하기도 한다. 17년간 이벤트, 유아체육, 마술을 하면서 아이들의 반응에 신이 난다. 자기 감정에 솔직한 아이들이 던지는 해맑은 웃음과 호기심 어린 초롱초롱한 눈망울이 이 일을 계속하며 행복한 이유다. 같은 마술이라도 아이들에겐 늘 새롭고 놀랍고 즐겁다.

아이들과 함께할 때 더 즐거웠다. 자기 자신에게 귀 기울인 덕분에 즐겁고 보람까지 있는 제2의 직업을 찾았다.

황윤수 대표는 유튜브 〈감정 표현 놀이 TV〉에서 이렇게 말한다.

"감정 놀이는 우리 아이들과 교사, 부모가 협력하여 자신의 감정을 건강하게 표현하고, 다른 사람의 감정에 공감하는 아이로 자라도록 합니다. 건강한 감정 표현을 통해서 정서 지능 발달이 자연스럽게 이루어진다는 것이죠. 감정 놀이는 유아들의 감정 표현 기법으로 제일 먼저 자신의 감정에 귀를 기울이는 것에 초점을 맞춥니다. 감정 놀이의 핵심은 '아이의 기쁨은 그때그때 솔직한 감정 표현을 통해 유아의 긍정적 감정과 부정적 감정의 조화로 건강한 정서발달을 돕고, 건강한 내면을 자녀 스스로 문제를 해결하며 타인의 입장을 생각하고 배려하여 정서 지능이 발달하도록 도와줍니다. 또한 교사 대 유아, 유아 대 유아 간에 솔직한 감정 표현을 통한 소통과 공감으로 아이들 간에 다툼이나 문제 해결 시에도 큰 도움이 됩니다. 부모들도 가정에서 아이가 감정 표현을 잘하므로 일방통행하는 대화가 아니라 아이의 말에 경청하고 공감하며 진정한 대화를 할 수 있게 됩니다."

감정과 놀이를 조합하여 감정 표현 놀이에 이르렀다. 감정 표현 놀이에 그가 평소에 보고 듣고 깨닫는 것을 접목하여 매일 발전하고 있다. 오롯이 아이들에게도 전해지고 함께 성장한다. 참으로 뜻깊은 일이다. 너무나 해맑게, 신나게 하는 것을 보며 간접적으로나마 긍정 에너지에 물든다.

감정과 놀이를 융합한 그의 감정 놀이는 어른이 보아도 웃음이 나고 감정과 친해지게 한다. 자신의 이야기에 귀 기울이고 선택한 즐거움이 아이들에게도 부모들에게도 유튜브 시청자들에게도 큰 도움이 된다. 개인의 선택을 넘어 사명에 따라 사는 용기 있는 사람들로 세상은 살 만한 세상이 되어간다. 뿌듯하고 자랑스럽다. 〈훈육매뉴얼〉이라는 유튜브 방송으로 부모들에게 매주 육아와 훈육에 대한 토크쇼를 진행하고 있다. 그가 유치원과 감정 표현 놀이, 심리상담의 경험을 바탕으로 풀어놓는 이야기를 듣고 있으면 얼마나 아이들을 향한 마음이 진심인지 느낄 수 있다.

"생활 속에서 솔직한 감정 표현을 통해 우리 아이와 친구들, 대한민

국을 넘어 전 세계의 모든 아이가 자신의 감정을 건강하게 표현하고, 다른 사람의 감정에 공감할 줄 아는 사람으로 성장하도록 황윤수와 감정놀이연구소는 최선을 다해 도울 것입니다."라고 포부를 밝혔다.

소중한 순간, 즐거운 순간들을 바탕으로 인생이라는 강을 따라 가는 것은 지금을 사는 것이다. 앞으로의 도전도 자신이 선택하고 내면의 소리를 따라가는 것이다.

제2의 직업이 될 수 있다

좋아하는 것과 직업이 일치한다면 더 즐겁게 일할 수 있을 것이다. 바람직하고 이상적인 직업은 바로 덕업일치이다. 엄청나게 좋아하는 것으로 먹고 사는 것이다. 본업이 회사원이고 제2, 제3의 직업을 가진 사람들이 화제가 되고 있다. n잡러라고 부르며 부러움을 산다. 좋아하는 것을 하다 보니 전문성이 생기고 업이 되는 것이다.

거문고 연주자이자, 연구자, 그리고 현대 서예가인 사촌 동생, 김화복 박사 이야기도 빼놓을 수 없다. 거문고 연주자이며 박사 학위를 받았다. 연주에도, 학문에도 거문고가 그의 주된 업이다.

지난 2020년 11월 돈화문 국악당에서 열린 김화복 거문고 독주회에 다녀왔다. 눈을 감고 듣고 있자니 밀고 당기는 거문고의 선율이 가슴에 다가왔다. 관객들에게 연주를 선보이기 위해 수많은 시간 거문고를 연주하며 준비했을 것이다. 무대에서는 다 보여 줄 수 없으나, 공연 시간 동안 그 모든 것을 모아 들려 주는 것이다. 소리를 따라, 손끝을 따라, 눈길을 따라 흘러가 본다. 연주를 마치고 연주자로서 아쉬움이 남는다고 한다. 다음 연주회를 기약한다. 내가 거문고 연주를 심취

해서 듣게 된 것은 얼마 되지 않은 것 같다. 가랑비에 옷 젖듯 거문고의 매력에 빠지는 데에는 몇 년이 걸렸다. 내가 거문고 연주회에 매료되고 있을 때, 거문고 연주자 김화복은 다음 연주회를 그린다. 즐기고 연습하고 최고가 된다. 멋지다.

〈**김화복** 거문고 독주회〉

고 이세환 명인님은 "화복아, 아침에 일어나자마자 머리로 거문고를 한바탕 타야 한다"고 하셨다. 거문고를 "늘 부를 수 있는 마음의 노래로 만들어라"는 스승님의 가르침을 따른다.

거문고 산조에는 '신쾌동류 거문고 산조', '한갑득류 거문고 산조'와 같이 이름이나 호가 붙는다. 산조의 멋은 살리되 형식을 내려놓고 지금의 산조를 새롭게 만들고 싶었다는 거문고 연주자 김화복의 '현금현금'이라는 거문고 산조. 좋아하는 것을 마음에 새기고 최고가 되고자 한다. 자신의 이름을 딴 김화복류 거문고 산조가 나올 것이다.

〈**김화복** 독주회 현금현금, 2020. 11. 19.〉
돈화문 국악당, 거문고 **김화복**, 가야금 **김혜림**, 타악 **김민석**

예술가는 예술적 감각이 한 가지만 발달하지 않는다고 한다. 예술적인 사람은 한 가지 분야에만 국한되지 않고, 음악, 미술, 춤, 운동을 즐기고 잘한다는 말이 있다. 김화복 연주자 역시 그 예이다. 현대 서예를 취미로 했는데, 깊이 있게 하다 보니 전문 서예가로 발전했다. 10여 년 전으로 거슬러올라가, 김화복 독주회 무대에 커튼만 한 서예 작품이 걸려 있던 기억이 난다. 거문고 연주와 한국 서예가 잘 어우러진다는 생각만 했었는데, 스승님께서 그려 주신 작품이라고 했던 것이 얼핏 떠오른다. 그때 이미 김화복의 연주 세계에는 현대 서예가 자리잡고 있었구나! 하고 세월이 흐른 후에 감탄한다. 현대 서예로 제14회 5.18 전국 휘호 대회에서 대상, 제29회 대한민국 서예대전에서 특선, 강남 서예문인화 대전에서 우수상을 탈 정도로 진지하고 진솔하게 현대 서예계에서 맹활약하고 있다.

〈**김화복** 서예 작품/ 예술의 전당 서예박물관, 2018, 한국서예의 미래 청춘의 농담〉

　훌륭하게 두각을 나타내며 활발히 서예 활동을 하고 있어서 거문고 연주는 계속하는 건가 했다. 주변에서도 대체 거문고 연주는 언제 하느냐는 말을 들었나 보다. 그래서인가 서예 이야기를 하면서도, 자신은 거문고 연주자임을 강조한다.

　거문고 연주와 서예는 전통에서 현대까지 이어진다. 즐겁게 하다 보니 제2의 업이 서예가가 된 거문고 연주자. 거문고 연주도 현대 서예도 좋아하지 않으면 하기 힘들다. 그가 전시회에 선보이는 사람 키보다 큰 작품들을 볼 때면, 대체 저 거대한 작품을 하려면 얼마나 마음의 눈이 커야 할까? 한다. 손으로 팔로 몸으로 쓰는 것이 아니라 마음을 가득 담아 써야 할 것이다. 연주에도 글씨에도 그 마음이 나타난다.

유튜버들이 유튜브 하며 성과를 낸 이야기할 때, 어떻게 유튜버가 되고, 전업 유튜버가 되었는지 소개한다. 본업이 있고, 부업이 유튜버인 경우도 있고, 유튜버가 본업인 사람도 있다. 인기 있는 유튜버들은 상업적인 면이 있기도 하지만, 처음엔 자신이 좋아하고 즐기는 것 중 하나로 시작했다. 게임 유튜버는 게임을 하는 것을 즐기다가 영상을 만들고 라이브로 게임하고, 게임 해설을 하면서 팬층을 형성했다. 요리를 좋아하는 요리 유튜버들 역시 기본적으로 요리를 사랑하고 기록하고 나누는 것을 좋아한다. 좋아하는 것과 관련된 일을 하게 된 경우이다.

힘든 인생, 버틸 수 있게 해 준다

"불행이든 행운이든 한 번 일어난 일을 되돌릴 수는 없다. 대신 우리는 그것을 대하는 태도를 선택할 수 있다. '어떤 태도로 인생을 마주할 것인가'는 곧 '어떠한 삶을 살 것인가'와 같은 의미다."

_《하버드 감정수업》

《하버드 감정수업》에서 쉬셴장은 힘든 일이 있을 때, 힘든 상황을 인정하고 담담하게 희망을 품고, 아름다운 미래를 믿으라고 했다. 희망의 끈을 계속 찾아야 한다. 그래야 절망이 다가와도 중심을 잡을 수 있다.

독서모임에서 탈모로 9개월 고생하신 분께서 해 주신 말씀이 귓가에 남는다. 극심한 스트레스와 면역체계 이상으로 머리카락이 거의 다 빠져서 여러 병원에 다녔다. 의사 선생님이 길게 말씀하시는 가운데 희망의 말을 한 단어라도 찾으려고 애쓰셨다고 한다. 그런데 찾을 수가 없었다. 희망의 끈을 찾기 힘들 때 더 절망의 나락으로 빠진다. 왜 의사는 희망 고문을 하지 않는 걸까? 면역력이 떨어져서 온 탈모라고 하시긴 했지만, 심리적인 것이 있었을 것이다. 아무리 희망이 없다고 해도 그 한 가닥이 주는 힘은 어마어마하다. 너무 괴로워서 모자로 가리고 지냈는데 초등학교 2학년 딸이 용기를 주었다고 했다. '엄마 희망을 가져. 머리가 요만큼씩 나오고 있어'라고 말하는 딸의 눈망울에서 희망을 발견했다고 한다. 지금은 머리카락이 매력적이다. 말씀을 듣고 있자면, 든든하고 용기가 생긴다. 의사가 주지 못한 희망의 싹을 아이의 눈망울에서 발견하고, 차마 괴로워서 보지 못했던 것들이 조금씩 보이게 되었다고 했다. 희망 한 줌이 갖는 힘이 새삼 강하다는 것을 느꼈다.

2020년을 강타한 코로나는 우리를 지치고 힘들게 했다. 2019년도 연말에 발생해서 전 세계로 퍼져나갔고, 수많은 사람의 삶을 지배하고 있다. 코로나 팬데믹은 생과 사, 직장, 건강, 일상에 위협을 주고 있고, 실제로 많은 것이 변했다. 코로나 때문에 힘들다고 하는 사람도 있으나, '덕분에'라는 긍정 마인드로 살아내고 있다. 만남과 이동을 줄이고 주어진 환경에 적응하면서 뉴노멀 라이프를 만들어가고 있다. 기존에 하는 활동들을 온라인으로 가져와 새로 시작하고 있다.

학생들은 학교에 갈 수 있는 날이 현격히 줄어들었다. 한 해 동안 같은 반 친구들을 만나는 시간이 절대적으로 부족했다. 집에서 원격 수업을 하는 날이 오래가다 보니, 집안 풍경도 문화도 달라졌다. 집콕, 확찐자, 재택근무, 홈트, 줌이 생활이 되었다.

코로나는 시한폭탄처럼 가정에서의 생활에도 위기감을 조성하고 있다. 아이들도 힘들지만, 집에서 수업하는 것, 아침 점심 저녁을 모두 함께하는 가족들의 집합이 마냥 좋은 것은 아니었을 것이다. 아이의 나이, 가족의 구성에 따라서 애로사항도 다르다. 엄마 커뮤니티에 올라오는 글을 보면, 제발 아이들이 학교에 가게 해달라고 애원하다시피 하다가 분노를 표출한다. '덕분에'가 아니라, '때문에'가 작동한 것이다. 아이들이 학교에 가 있는 시간에 잠시라도 나만의 시간을 가질 수 있었을 텐데 '나'만의 시간이 통편집되었다. 통편집! 아이들이 학교에서 급식을 먹으니 점심은 해결이 되는데, 온종일 집에 있으니 메뉴 생각하기도 고역이다.

점점 개개인의 사생활, 사적인 공간, 사적인 시간이 줄어들었다. 이 자체가 힘든 인생이지 않은가?

직장은 어떤가? 2020년 연말, 모 대기업이 장기 근무자를 대상으로 희망퇴직을 받는다고 언론에 나왔다. 대기업들은 공개적으로 희망퇴직을 운운하며, 규모를 줄여서 타격을 감소하고 허리띠 졸라매고 길게 가려고 애를 쓴다. 대규모 퇴직이 주는 스트레스는 회사와 사회 전반으로 퍼져나가고 있다. 퇴사하는 사람도 남아서 일하는 사람도 이 현상을 두고 드는 생각은 마찬가지다. 직장에 다니는 사람은 짧게는 몇 개월에서 길게는 몇십 년을 일하며, 하루의 대부분을 보낸다. 영원할 것 같던 이곳이 내가 있을 곳이 아닐 수 있다는 것으로 직장인은 흔들린다. 이직을 생각하고 있던 사람들은 보다 서둘러 떠날 채비를 한다. 직장의 배신이란 이런 것이다. 서로 주고받는 배려와 배신이 교차한다.

나의 직장생활도 그렇게 마침표를 찍었다. 15년 가까이 부대끼며 성장하며 애증의 관계가 청산되는 시점이 생각보다 빨리 찾아왔다. 코로나는 내가 주도적으로 하던 프로젝트들을 모두 취소 또는 연기시켰다. 코로나가 집으로 직장을 옮겨왔다.

아이들의 학창 생활 리듬은 깨졌다. 원격 수업으로 아이들의 학교도 집으로 들어왔다. 직장에 다니며, 두 아이의 생활을 학교만큼 유지하기는 벅찼다. 많이 자랐다고 해도 돌봄이 필요해졌다.

회사를 그만두고 싶을 때가 내 마음 한구석에 찾아왔고, 회사는 구조조정을 했다. 여느 회사들처럼 오래 근무한 직원이 대상이 되었다. 둔탁한 둔기에 머리를 맞은 양 멍해졌다가 거짓말같이 머리가 맑아졌다. 어느 때보다도 활기차게 내 인생의 청사진을 그리고 있는 나를 발견했다. 유체이탈의 느낌이랄까?

가장 받아들이기 힘들면서도, 가장 즐거웠던 그 순간을 기념하고 싶다. 사람이 어떻게 울기 직전의 표정과 웃기 직전의 표정을 함께 가질 수 있을까? 내가 좀 미친 건 아닐까? 살면서 가장 희한한 상태였다고 생각한다.

회사에 마침표를 찍는 순간에 씨익 웃었다.

'이제 맘 편히 책을 쓸 수 있겠네!'

책을 쓰고 싶어 했던 것은 꽤 오래 묵은 열망이었다. 고등학교 시절부터였다. 무슨 말을 쓰는지도 의식하지 않은 채, 무의식에 가까운 글을 쓰곤 했다. 글을 잘 쓰겠다는 욕심이 아니라 그저 글을 쓰는 사람이 되고 싶었다. 아이러니하게 모든 자유가 주어졌던 대학에 가면서 잊었다.

계속 생각하고 있으면 정보가 나를 찾아오는 세상이다. 빅데이터와 내 검색 기록, 내 방문 기록은 나도 모르는 사이에 내 취향을 찾아주기도 한다. 3년 전 우연히 내게 도착한 광고 이메일을 보고 3만 원내고 책 쓰기 특강에 간 적이 있었다. 내가 기웃거린 어딘가에 제공한이메일 주소가 나를 책 쓰기로 유혹한 것이었을지도 모르겠다. 특강은 굉장히 인상적이었다. 당장은 아니지만 언젠가는 문을 두드리겠노라고 하며 그곳을 나왔다. 3년이나 빙 돌아서 나를 구해줬다. 내가 하고 싶은 것, 나를 설레게 하는 것을 하겠다는 열망이 내 멘탈을 잡아주었다. 내 가슴은 책 쓰기 특강에서 들은 내용으로 가득 차올랐다.

고맙게도 내가 좋아하는 작가들, 내가 하고 싶은 책 쓰기가 내 멘탈을 지켜주었다. 퇴사하기 직전까지도 나에게 보호막을 쳐준 것이 바로 '나를 즐겁게 하는 순간들'이었다. 자존감을 바닥나게 했다가 다시살아났다. 다행히 내게 자존감 바닥에서 회복하는 탄성력이 있었나보다. 그 무엇도 내 감정을 나락으로 떨어뜨리고 우울감에 빠지게 두지 않겠다는 선택을 했다. 나를 잘 보살피겠다는 생각만큼은 잊지 않았다.

《더 해빙》에서 홍주연 작가와 이서윤 작가는 "있는 그대로의 슬픔에 충분히 머무르는 것이 중요해요. 그래야 슬픔이 고여 있지 않고 강

122

물처럼 흘러가게 되죠."라고 말한다. 눈물을 참지 않자 마음이 후련해 졌다고 하는 홍주연 작가의 심정이 이런 것이 아니었을까?

"시시때때로 비가 오고 바람이 불고 햇살이 비추고 눈이 내리는 것 이 자연의 현상인 것처럼 내 마음에서 희로애락의 수많은 감정들이 오가는 것이 지극히 자연스러운 현상이다. 화를 참고 슬픔을 외면하 면 평생 화 속에서 살게 되고 슬픔 속에서 살게 된다. (중략) 화가 날 때, 우울하고 슬플 때 등 부정적인 감정이 올라올 때는 우선 나의 말 과 행동을 멈추고 자신의 중심으로 들어가야 한다. 감정을 참거나 밀 어내는 것이 아니라 잠시 멈추고 자신의 감정과 만나야 한다."라고 정 연우 작가님의 책, 《인생이 마법처럼 풀리는 만다라 명상》에서 하신 말씀을 읽으니 흘려보내야 할 감정들을 책에 쏟아부은 것이 다행이라 생각한다. 나 자신을 만나고 감정을 만나는 잠시 멈춤의 상태, 꼭 활동 을 멈추어야 멈추는 것이 아니다. 꼭 눈물을 흘려야 우는 것이 아니다. 흐르게 놔두는 것이 살 길이다.

마음껏 생각하고 감정을 토해내 버리자 오랜만에 마음이 움직이기 시작했다.

위기는 기회라고 했던가? 20년간 출산 전후 휴가 두 번을 제외하고 는 일을 쉰 적이 없다. 달리던 사람을 주저앉게 할 수 있는 방법은 무 엇일까? 수많은 방법이 있겠지만, 달리고 말고는 내가 선택한다. 가던 길을 가는 것이 최선이다. 여전히 이 상황이 고맙다. 잠시 멈추어서 내 가 누구인지, 무엇에 희로애락을 느끼는 사람인지를 생각하고 느낄 기회이기 때문이다. 그럼에도, 차마 고맙다고 말할 강심장은 아니었다. 그래도 내 삶을 전환할 기회가 찾아왔음이 감사하다.

내가 좋아하는 것을 시작하자는 희망을 품게 되었다. 이것이 내가 가진 초긍정의 힘이며, 내 캐릭터가 되고 있다.

어쩌면 나를 조용한 또라이라고 부르게 될지도 모르겠다. 어떻게 저렇게 웃는 얼굴로 당돌하고 당차게 박차고 나가는지 다시 한 번 돌아보게 될 수도 있겠다.

처음 이 책을 쓸 때는 이 사건이 중요한 실마리가 되리라는 것을 몰랐다. 나를 위해 그리고 세상을 위해 내 순간들을 쏟아내야 한다는 것을 깨달았다. 내 순간들을 글로 담을 수 있어서 정말 감사하다. 세상이 내 이야기를 들어주는 순간이 감사하다.

우리나라에서 세 명 이상 모이면 하는 이야기가 군대 이야기 아니면 출산 이야기일 것이다. 나는 거기에 퇴사 이야기도 포함되면 좋겠다고 생각했다. 난 그 세 가지에 다 참여할 수 있다. 부대와 붙어 있는 관사에 살았다. "충성 근무 중 이상무!"라는 가까우면서도 먼 거리에서 들리는 소리를 들으며 자랐다. 아빠가 외부 나가셨다가 돌아오시는구나 하는 신호였다. 요즘으로 말하자면 아파트 인터폰에서 울리는 "차량이 도착했습니다" 하는 차량 도착 알람 같다. 그래서 내게는 군대 이야기도 굉장히 친근하다. 잠깐. 군인 가족의 군대 이야기도, 출산에 대한 이야기도 시작하면 멈추기 어려워질 수 있으니, 다음 기회로 미루겠다.

퇴사 이야기로 다시 돌아와서, 퇴사라는 것을 나답게 할 수 있었던 경험을 나누겠다. 퇴사하면서 나에게 주는 축하 선물, 동료들에게 주는 또 다른 시작의 선물을 준비했다. 내가 좋아하는 것을 활용하여 내 업무의 주인으로서 인사했다. 퇴사하면 떠오르는 것이 '가영이 퇴사짤'이다. 한동안 유행했다. 패러디도 나올 정도로 사람들이 회사에서 입에 달고 살았다. 유튜브에서 '가영이 퇴사 짤'(짤막한 영상)을 검색해서 보기를 추천한다. 아는 사람은 알고 모르는 사람은 모르는 영상이다.

"안녕히 계세요, 여러분! 저는 이 세상의 모든 굴레와 속박을 벗어던지고, 제 행복을 찾아 떠납니다. 여러분도 행복하세요~!"

가영이 퇴사 짤 대사다. 〈이누야샤〉 5기 24화 (128화) 건어물 요괴와 격투 축제 편에서 유가영 (히구라시 카고메)이 하는 대사다. 어떤 직장인이 퇴사하면서 회사 단체 톡 방에 뿌리고 나갔다고 하여 화제가 되었다. 혹시 내가 이렇게 하고 나왔다고 하면? 평범하다. 나답지 않다. 나답게 살려고 마음먹으니 바빠졌다.

그간 퇴사자들의 이메일을 여러 번 받아 보면서도 아무런 생각이 없었다. 물론 나중에 참고해야지 했던 이메일이 있긴 했다. 20년 만에 하는 나를 위한 이 특별한 퇴사에 내가 할 수 있는 선물은 무엇일까? 장장 2주에 걸쳐 고민했다. 생각날 때마다 스마트폰에 떠오르는 생각들을 기록했다. 15년이 주르륵 지나가고 내가 어찌 살았는지 생각해 보았다. 몇 바닥을 쓰고 지우고 하면서 가닥을 잡았다.

나는 마케팅커뮤니케이션 담당자다. "마컴"이라고도 부른다. 회사와 제품을 소개하고 널리 알리며, 마케팅, 영업, 홍보하기 위해 온갖 일을 해내는 역할이다. 회사를 다 짊어진 듯한 비장한 마음으로 전시회를 준비하고 진행한다. 모든 변수를 예상하여 대처방안을 만들어 둔다. 타부서와 협력업체들과도 긴밀히 계획하고 실행한다. 발표 자료를 만들고, 보도자료 작성 및 협업을 하고, SNS에 올라갈 글과 이미지를 만들고, 포스터와 이메일 초대장을 만든다. 홍보 영상 기획을 하고, 시연 영상을 만들어 낸다. 말하자면 콘텐츠 제조기다.

이 모든 것을 다 짊어지고 있다가 내려놓고 떠나는 마음은 의외로 홀가분하지가 않았다. 시원하다가 섭섭하다가, 뿌듯함에 벅차오르다가 아쉬움에 몸부림을 하는 등 굉장히 복잡했다. 이런 마음을 담아 퇴사 영상을 만들었다. 퇴사 영상을 만들 생각을 하던 순간, 또다시 내게 함박꽃만한 미소가 떠올랐다.

설렜다.

바로 이거야! 마케팅 커뮤니케이션, 마컴은 이렇게 나가는 거지. 누가 뭐래도 나는 내가 하는 일을 사랑했고, 아끼고, 키워오고 있었으니 잘 정리해야 했다. 회사는 오너가 주인이지만, 업무의 주인은 '나'다.

함께 일한 동료들을 떠올렸다. 국내와 해외에 동료들이 있어서 영어로 만들었다. 한 번만 만들겠다는 얄팍한 계산이었다. 어차피 들을 사람만 듣고 볼 사람만 본다. 녹음만 스무 번 하고 한마디씩 따서 편집한 것은 안 비밀. 다시 녹음하고 싶다. 만들 때는 신나게 했는데, 막상 거사를 치를 날이 다가올수록 너무 오글거렸다. 오글거리긴 해도 설레고

126

웃음이 나왔다. 정말 미친 게 아닐까 했다. 마음 같아서는 일주일 전부터 퇴사 인사 영상을 뿌리고 싶었지만, 너무 오글거려서 참았다.

어떤 영상일지, 어떤 마음이 담겨 있을지 궁금한가? 그렇다면 나에 대한 애정이 생긴 게 아닌가 의심스럽다.

영상을 끝까지 본 사람들에게만 전해졌겠지만, 해당 영상은 사내에만 공유한다고 밝혔다. 솔직하게는 나의 최측근까지만 공유했다. '나 이런 사람이야'라는 영상이었기 때문이다. 회사에서 내가 애착과 자부심을 느끼고 즐겼던 것에 대한 기록이다. 예능이나 다큐멘터리를 만들고 싶었지만, 만들고 나니 정보성 콘텐츠가 되어버렸다. 내가 어떤 사람인지 모르는 사람이 대부분이다. 나도 다른 동료들에 대해 잘 모른다. 몇 년 동안 얼굴만 아는 사람도 많다. 일에서는 오지랖이었지만, 모두와 친하게 지낼 정도의 오지랖은 아니었다. 몇 년 동안이나 눈인사만 한 사람들도 꽤 된다.

퇴사 인사 영상을 이메일로 보내고, 한 부서씩 한 부서씩 인사를 다녔다. 동료들의 모니터 화면에는 내가 보낸 영상이 틀어져 있었다. 다행이다. 보는 사람이 있어서 기뻤다.

회사에서 마지막 날까지도 마케팅커뮤니케이션을 했다. 나에 대해 소통하고 회사에 대해 소통하는 내 영상은 함께 일했던 사람들에 대한 배려이며, 나에게는 선물이었다. 참 아이러니하게도 퇴사 인사를 다니는 게 재미있고 유쾌했다. 공통의 소재가 있으니 사람들 만나는 게 신났다. 퇴사 영상을 보내니, 눈인사만 하던 얕은 관계에서 '어! 이 사람 뭐지? 괜찮네' 하며, 막판에 관심이 생긴 사람도 있었다. 이렇게 재미있을 줄 알았다면, 내가 하는 일에 대한 이야기를 영상으로 널리 뿌리며 일할 걸 그랬다.

이제까지 회사를 알리는 일에만 집중했다. 퇴사하는 날이 되어서야 나를 알리는 일을 실천했다. 내 이야기를 하고 싶은 사람이란 걸 그제 야 느꼈다. 역시 책을 써야겠구나. 내 말을 하며 살아야겠구나!

만감이 교차하는 시간, 나에게 집중할 수 있어서 뿌듯했다.

내가 좋아하는 일을 하며 산다는 것

한국 IT기업에서 근무하다가 40대 중반에 뉴질랜드에 이민 간 배일수 씨 이야기를 해 볼까 한다. 남편 고등학교 친구다. 결혼할 즈음부터 알고 지냈으니 십여 년 지기다.

남편을 통해 친구들 소식을 듣다가, 이번 책을 구상하면서 일수 씨가 떠올랐다. 좋아하는 일을 하고, 즐거운 일상을 생각하면 떠오르는 사람 중 한 명이다.

막연하게 알고 있었다. 좀 더 이야기를 나누고 싶었다. 인터뷰한다는 것은 참 멋진 일이다. 한 사람의 인생을 만나는 시간이다. 어떤 걸 좋아하는지, 힘들 때 어떤 것을 느꼈고, 어떤 선택을 해 왔는지 지금은 어떤지 물었다.

삶이 위험 신호를 보낼 때, 그에게 힘이 되어 준 것은 가족이다. 힘들 때 힘들다고 편안하게 이야기하고 함께 해결하려고 서로에게 귀 기울이는 가족이 있었다. 혼자가 아니었다. 자기 자신이 좋은 것을 하고자 할 때 가족의 지지가 큰 힘이 된다.

'진정 즐기는 사람이 행복하구나' 하고 감탄했다. 행복해졌다.

나에게 좋은 것을 찾으려는 여정이 삶이다.

인터뷰 설문을 작성하기 전에 일수 씨의 인터뷰 영상을 봤다. 뉴질랜드에서 취업하면서 겪었던 이야기를 담담하게 신나게 풀어냈다. 재미있고 흥미진진한 이야기를 들으며 나도 모르게 영상에 나오는 일수 씨와 대화하면서 시청했다. 실시간으로 대화하는 것처럼 질문도 하고 놀라기도 하고 공감하기도 하면서 봤다. (** 꿀팁: 나는 책 읽으면서 저자와 대화하듯이 중얼거리면서 읽을 때가 있다. 그러다가 급기야 책에다 댓글을 단다.)

〈인스타그램 @Brian.nz〉

아이들이 어릴 때는 가까운 동네에 살아서 자주 봤는데, 사는 곳이 멀어지면서 잘 만나지 못했다. 주기적으로 만나는 남편이 근황을 알려 주었다. 최근 몇 년간 일수 씨가 회사 업무에 스트레스를 받아서 괴로워한다고 했다.

일수 씨가 이민을 결심하게 된 결정적인 계기도 한국에서 일하는 것이 더는 행복하지 않아서였다. 개발자로 계속 일하고 싶은데, 한국은 경력이 올라가면 관리자의 역할을 할 수밖에 없다고 한다. 개발자로 살고 싶은 사람에게 관리자로 살라는 것이다. 이상과 현실 사이에

괴리감과 자괴감이 든다. 개발하는 것을 좋아하는데 관리자 역할을 해야 해서 일과시간에 하고 싶은 일을 할 수 없었다. 얼마나 간절했는지, 업무 시간 이후에 회사에 남아 코딩을 했다고 한다. 그만큼 근무시간이 길어지고 삶에 대한 만족도는 떨어졌다. 악순환의 연속이었다.

일에 대한 생각뿐만 아니라, 아이들 교육환경 때문에 이민을 오래 전부터 생각해오고 있었다고 한다.

이민을 결심하는 것은 그렇게 간단하지 않았다. 국내에서 다른 지방으로 이사하는 것과는 차원이 다르다. 삶의 기반이 한국에 있고, 가족들이 한국에 있고, 이민 간 후의 삶도 대비해야 한다. 삶에 변화를 시도하기에 40대 중반은 무거운 나이일 수 있다. 지금까지 쌓아온 경력을 완전히 초기화하고 다시 시작해야 했다. 2018년도 초에 뉴질랜드 IT 과정에 진학하여 공부를 시작했다. 보다 나은 삶을 꿈꾸며 온 가족이 뉴질랜드로 이사 갔다. 40대 중반에 이민을 결심하고 실행한다는 것 자체가 굉장한 모험이었다. 일수 씨 가족은 과감하고 신중하게 선택을 하고 실행했다. 얼마나 큰 결심인지 알기에 마음으로 지지했다. 100% 보장된 것은 어디에도 없다. 뉴질랜드에서 공부한다고 해서 영주권이 바로 나오는 것도 아니다. 우선은 학생 비자 및 가족 비자로 뉴질랜드에서 살아야 한다. 졸업하고 나서 혹여 취업이 안 되면 곤란한 상태가 될 수도 있었다. 그 모든 가능성을 두고도 모든 걸 정리하고 뉴질랜드로 간 용감한 가족이다. 나라면 어땠을까? 망설였겠지. 많은 것이 변화할 테고, 기대되지만 포기해야 하는 것도 있다.

일수 씨가 뉴질랜드로 가던 해에 마침 딸이 유학을 가 있었다. 남편이 딸과 함께 뉴질랜드에 3주간 머무르는 기간에 일수 씨가 뉴질랜드에 도착하여 영상통화로 만났다. 뉴질랜드 도착할 당시 화면에 나타난 일수 씨는 얼굴색이 거무스름해져 있었고, 핼쑥하고 힘들어 보였다. 한동안 못 봤었던 터라 낯설게 느껴졌다. 내가 기억하고 있는 일수 씨가 아니었다. 영상으로만 봤는데도 걱정이 되었다. 일수 씨가 뉴질랜드에 간 지 1~2주 정도 되었을 때, 일수 씨의 얼굴이 환하게 변해 있었다. 얼굴도 마음도 편안해 보였다. 단순히 사진과 영상으로 보는 것만으로도 마음 편해졌다. 본인은 어땠을까? 마음은 복잡했으리라. 그래도, 새로운 나라에 가서 고등학교때부터 친하게 지낸 친구들과 낚시하고, 사진 찍고, 물놀이하고 이야기 나누는 휴식이라는 선물을 온전히 즐겼으리라. 참 다행이다.

휴식, 친구, 자연, 홀로서기.

그로부터 1년 후, 우리는 뉴질랜드 친구들 가족과 피지에서 만났다.

아주 특별한 휴가다.

딸이 1년간 유학 생활을 한 가족은 남편의 절친 병찬 씨와 보영 씨네다. 또래 자매들이 큰 도움이 되었다. 뉴질랜드 타우랑가에서 락앤웍이라는 음식점을 하고 있다. 지구 최남단 한국식 중국음식점이라 한다. 인생 음식점이라 생각한다. 락앤웍에서 먹은 초록입홍합 들어간 짬뽕과 소스가 특별한 탕수육, 면발이 쫄깃한 짜장면… 생각만으로도 침이 고인다. 뉴질랜드를 제대로 만나고 돌아온 딸의 은인이다.

뉴질랜드 이민이라고 하면 이 가족이 왕 선배다. 이민 10여 년 차. 뉴질랜드가 더 친근하게 느껴지는 이유다. 한국에 살 때도 세 가족이 자주 뭉쳤다. 세 가족의 각각 다른 모험 이야기로 피지는 시끌벅적했다.

딸과 제3국에서 휴가를 함께 보내고 싶었다. 그리고 타국에서 딸에게 힘이 되어주고 안전지대가 되어준 가족들에게 감사하는 마음으로 만나 한 공간 한 시간에 존재했다. 즐겁게 놀고 휴식하는 시간이었다.

일수 씨는 사진기와 스마트폰으로 번갈아 가며 사진을 찍었다. 그때는 학교 다니던 시절이다. 일수 씨 가족은 1년간 잘 적응해서 뉴질랜드 토박이처럼 편안했다. 이를 지켜보는 일수 씨의 표정엔 여유와 평화가 보였다.

얼마나 열심히 준비하고 공부하고 노력했을까?

일수 씨는 사진 찍는 것을 무척 좋아한다. 아이 사진을 기똥차게 찍어줘서 몇 장 보유하고 있다. 때깔이 다르다는 말은 그럴 때 쓰는가 보다. 아이가 반짝반짝 빛난다는 착각이 들 정도였다. 역시 사진도 전문가의 손길이 닿으면 이렇게 다르구나 했다.

〈은하수 Brian Bae, (출처: 배일수)〉

사진이나 그림은 그 사람의 시점에서 철학과 마음을 담는다. 그래서 그의 사진을 감상하면서 즐거워지는 것일까? 뉴질랜드여서 아름다운가? 편안한가? 은하수, 바다, 꽃, 새, 산 등 뉴질랜드에서 담아내는 아름다움에 감탄한다. 사진 대회에 참여해서 상을 받았다는 소식을 들으면 내가 더 기쁘고 자랑스럽다.

이민을 간다고 해서 모두 여유로워지는 것은 아닐 것이다. 그 안에도 힘겨운 삶이 있다. 외국인이 된다는 것도 큰 모험이다. 그 가운데에 즐겁게 사는 모습을 보면 부럽고도 기쁘다. 삶을 즐기는 마음이 가져다주는 큰 선물이라고 믿는다.

아이들이 나이가 비슷해서 자주 놀러 갔다. 일수 씨 집에는 수족관이 있었다. 해수어 어항이다. 블루탱, 흰동가리 (크라운 피시, 니모), 옐로우탱, 박스피쉬 등 다채로운 물고기들 보는 재미가 있다. 수족관을 바라보는 일수 씨의 눈에는 평화가 가득했다. 물론 아내 수아의 눈에는 사랑스러운 불만의 빛이 보였다. 물고기 키우는 사람들은 물 생활이라고 한다. 물고기와 물을 바라보며 멍때리는 시간이 그렇게 좋다고 한다. 물멍때린다고 한다. 물 생활자들의 전문용어, 물멍. 멍때리기가 명상이라던데, 물멍은 물명상이려나? 명상은 뇌와 몸이 쉬는 상태라고 한다. 잠 잘 때 나오는 알파파의 상태라고 하니, 긴장을 풀고 스트레스를 푸는 물 생활이다. 게다가 여러 가지 색의 물고기를 바라보니 색채 테라피까지 되겠다.

일수 씨는 취미에 있어서 굉장히 스펙트럼이 넓다. 내가 회사에서 프라모델 동호회 활동을 한다는 소식에 굉장히 반가워했다. 나는 프라모델 초보에 머물러 있다. 일수 씨는 프라모델 덕후다. 관심사가 비슷한 게 있다면, 일수 씨에게 물어보거나 조언을 구하면 된다. 내가 알고자 하는 것 이상을 보여 주고, 신나게 이야기한다. 그가 하는 것은 거의 덕후스러우므로.

캠핑과 여행을 즐긴다. 준비하는 과정부터 집에 오는 순간까지를 즐긴다. 가족들의 컨디션에 따라 이동 시간을 고려하고, 사진 찍을 장소에 대한 계획도 미리 하는 진정 사진 덕후, 여행 덕후, 취미 덕후다. 한국에서도 캠핑을 하러 자주 갔는데, 뉴질랜드 가서 제대로 자연을 즐긴다. 사진 속에 나타난 자유롭고 따스한 시선이 느껴진다. 일수 씨 가족에게 최적화된 환경이다.

가족과의 삶이 있고 직업이 있고 사진이 있는 지금, 누구나 꿈꾸는 외국에서 삶을 즐겁게 디자인하고 있다.

⟨Lavender Farm, Wanaka(출처 : 배일수)⟩

아이들의 슬기로운 취미생활

학생들은 코로나로 인해 그 시기에 누려야 할 친구 생활, 취미 생활, 학교 쉬는 시간 등이 통째로 혹은 부분적으로 날아갔다. 그나마 학교에 가는 주간에는 친구들을 만날 수 있어서인지 에너지가 다르다.

중고등학생은 공부와 더불어 우정이 중요한 시기다.

학교생활이 집으로 들어오면서 아이들의 학창생활에도 큰 변화가 생겼다. 온라인으로 비대면 수업을 듣고 쉬는 시간은 혼자만의 시간이다. 스마트폰을 손에서 놓지 않고 있기도 하고 짬짬이 잠을 청하기도 한다. 친구들과 그룹으로 메타버스 세상으로 들어간다. 온라인 게임 공간에서 이야기도 나눈다. 학교 쉬는 시간의 풍경이 메타버스의 공간에서 구현되곤 한다. 성향에 따라 일대일로 함께 게임이나 채팅, 통화를 하기도 한다.

학교가 끝나면 학원에 간다. 학원 역시 비대면과 대면이 혼합되어 있다. 인터넷 강의를 들으며 공부하고, 줌으로 개인 또는 그룹 지도를 받는다.

우리집은 공부 학원이 아닌 좋아하는 활동을 하는 학원에 간다. 첫째 아이는 댄스를 좋아해서 꾸준히 댄스학원에 다니고 있다. 진지하게 안무가의 길을 가고 싶어서 댄스수업에 집중한다. 코로나 예방을 위해 마스크를 쓰고 춤추는 것이 익숙해졌다. 학원에서 개인 영상을 촬영할 때의 일이다. 댄스하는 이도, 촬영하는 이도, 보는 이도 마스크 쓴 것이 너무나 자연스러워서 영상을 거의 다 찍고난 후에야 마스크 썼다는 것을 깨달았다. 그만큼 개인방역수칙을 철저히 지킨다는 것이고, 익숙해졌다는 것이다.

하기 싫은데 억지로 하는 것이라면 불편함을 핑계로 그만둘 수도 있지 않을까?

엄마의 입장에서는 진로도 중요하고 아이의 정신건강과 신체건강, 관계건강이 모두 중요하다.

"댄스를 하는 순간 살아 있음을 느껴"라고 말하는 딸에게 댄스란 삶이다. 당신에게 활력을 주는 것은 무엇인가? 알고 있는가?

아무리 떠올려보려고 해도 내 고등학생 시절은 오직 공부만으로 채워져 있고, 목표가 없다. 뿌옇다. '그래서 공부해서 뭐할 건데? 네가 좋아하는 것은 뭔데? 하고 싶은 건 뭔데?'에 공허한 중얼거림이 메아리친다. '몰라, 대학교 가면 알겠지.' 고등학생 김라미의 독백이 울려 퍼진다.

온몸으로 느끼고, 사색하고, 목표하는 것을 위해 갈고 닦을 방법을 스스로 탐색해나가는 딸을 볼 때면, 참 다르다고 느낀다. 대견하다. 내가 가지 않은 길이기 때문에 두려운 적이 얼마나 많던가? 고지식하게

138

들리겠지만 고등학생으로서 잘 지낸다는 것은 공부를 잘 하는 것이라고 알고 살았던 나다. 경주마들의 발주악벽을 예방하기 위해 경주마에게 씌우는 눈가리개를 하는 것처럼 앞만 보고 달리는 것만 배웠다. 보라는 곳을 보고, 보지 말아야 할 것은 보지 않도록 하는 장치를 씌워 놓았던 것이 아닐까?

딸에게 힘을 주고 즐거움을 주고 설레게 하는 댄스에 대한 열정을 존중한다. 안무가의 길을 가고자 하는 딸을 마음으로 응원하고 존경한다.

댄스의 시작은 초등학교 1학년 2학기에 시작한 치어리딩이었다. 6학년 말까지 고급반에서 치어리딩 대회에 참가하며 치어리딩 선수로 활동했다. 치어리딩은 내 취미가 되기도 했다. 몸꽝인 나는 치어리딩 대회 참관하며 다양한 치어리딩 팀의 퍼포먼스를 감상했다. 몸만 따라 주었다면 어머니들과 팀을 결성했을 것이다.

딸에게 악기도 배우자고 매년 말했는데, 5학년 되어서야 거문고를 배웠다. 너무나 재미있어했다. 방과후 수업으로 거문고를 배우고 학교 국악관현악단의 단원으로 활동했다. 이것이 계기가 되어 성남시 청소년 국악관현악단에 오디션을 보고 들어가 중학교 가서도 계속 국악관현악 연주를 했다. 코로나로 인해 잠시 모임이 중단되었지만, 가끔 거문고를 꺼내어 쓰다듬어 본다. 악기도 콧바람 좀 쐬고 싶을 텐데! 어서 그날이 와서 무대에서 즐기는 모습을 그려본다.

창의 미술이나 예쁜글씨 POP 등 미술 방과후 수업도 오랫동안 참여했다. 방과후 수업 시간이 서로 살짝씩 겹쳤을 때가 있었는데, 양쪽 선생님들께 양해를 구하고 중간 지점을 찾는 아이를 보며 여러 가지 생각이 들었다. 부모가 시켜서 억지로 하는 것이었다면 해결책을 찾아가며 수업에 들어가려고 선생님들께 양해를 구했을까? 아이가 진정 좋아하고 즐기는 것이라면, 그 말과 몸짓에 귀 기울여서 지켜주어야겠다. 좋아하는 것을 인식하고 행동하는 자세를 아이에게 배운다.

아들이 즐기는 분야는 딸과 다르다. 베이스 기타 연주를 배우고 싶어서 몇 주를 졸랐다. 그러다가 최근에 배우기 시작했다. 하고 싶다고 가벼이 시작하지 않는다. 베이스 기타에 관한 유튜브 영상을 매일 보고 베이스 기타의 매력에 대해 신나게 이야기한다. 얼마나 좋아하고 관심 있는지 이야기할 땐 빠져든다. 베이스 기타는 다른 악기보다 낮고 튀지 않는 음색을 가졌다. 수업을 받고 와서는 선생님이 연주하는 걸 이야기해준다. 베이스 기타 소리를 실제로는 처음 들어 봤다면서 기뻐한다. 선생님이 베이스 기타를 엄청나게 잘 치시고 소리가 멋지다고 입에 침이 마르도록 신나게 말한다. 전에는 소리를 몰랐는데 이제는 베이스기타 소리가 음악에서 들린다고 한다.

초등학교 1~2학년때 돌봄 교실에서 특별 수업으로 오카리나를 배웠는데, 그 때는 친구랑 노는 것이 더 좋아서 수업 받는 것을 별로 안 좋아하더니, 4학년 무렵에 오카리나 연주를 잘 해서 칭찬도 받고 부러움의 시선을 받았다. 합주할 때도 소프라노 오카리나 파트를 솔로로

협연하는 기회도 얻었다. 잘하는 것이 좋아하는 것이 된 순간이었다.

정작 좋아하는 것은 휘파람이었다.

관악기를 좋아한다는 생각에 피리 수업을 듣게 신청해주었는데, 두 학기만에 그만두었다. 피리는 작은 아이가 불기에 아직은 힘이 부족했다. 숨을 한껏 불어야 소리가 나는 악기이지만, 멜로디의 중심이 되는 악기가 피리다. 피리와 태평소의 강렬한 소리를 '내가' 좋아해서 선택해서 배우게 했는데, 피리를 계속 배우지는 않았지만, 나름의 성과는 있다. 빨대로 소리를 낼 수 있다. 그리고 학교에서 음악시간에 소금이나 단소를 배우는데, 불어 본 경험이 조금은 도움이 되는 모양이다. 부는 방식이 조금씩 다르지만, 시도하고 해내는 과정이 아이가 성장하는 데에 소중한 경험이다.

방과후 반려 취미 테크

아이들이 다양한 분야에 관심을 갖고 경험을 하게 된 것은 다니는 학교에 다양한 방과후 수업이 있었기에 가능했다. 초등학교 방과후 프로그램이 학교를 선택하는 기준이었던 셈이다. 학군에 대한 정보도 없고 그저 다양한 경험을 하고 즐겁게 다닐 수 있는 학교가 이상적이라 생각했다.

아이가 입학하고 방과후 학교 신청할 때는 멘붕이 왔다. 아이들과 엄마가 선호하는 수업은 추첨에서 당첨되어야 수업을 들을 수 있을 정도로 인기 있었다. 아이들은 태어나서 처음으로 치열한 방과후 수업 신청에 적응해나가야 했다.

아이에게 추천하고 싶고, 내가 더 배우고 싶은 방과후 수업이 너무나 많았다. 시간이 겹쳐서 못 할 땐 속상했다. 그만큼 내가 더 신났다. 다시 초등학생을 하라고 하면 방과후 수업 다~ 들어야지! 했다. 초등학교까지는 다양하게 경험할 수 있도록 내 기준에서 검토해 보고 다소 경험 밀어넣기를 했다. 1%의 관심의 빛이 보이면 해 보도록 독려했다. 그러다 아이가 괴로워하거나 흥미를 못 느끼면, 한 학기만 해보라고만 했다. 처음엔 재미없어도 조금 지나면 즐거운 지점이 있을 수도 있다고 희망했다.

인형 만들기, 창의 수학, 창의 미술, 도예, 예쁜글씨 POP, 캘리그라피, 창의 디자인, 한국화, 음악 줄넘기, 동요 성악, 각종 관현악 악기, 국악 관현악 악기, 타악, 종이접기, 요가, 발레, 치어리딩, 댄스, 역사, 영어, 중국어, 로봇공학 (프로보, 올로), 뮤지컬, 연기, 축구, 농구, 생물과학, 건축, 컴퓨터, 요리, 바둑, ….

1차적으로는 아이들에게 어떤 활동을 하는지 설명했다. 무조건 하라고 하면 흥미도 없고 가고 싶지 않아서 출석률도 떨어진다. 수업 소개 자료에 있는 수업 활동 사진과 결과물 사진을 보여 주며 상상의 나래를 펼쳐 보인다. 마치 수업을 들어 본 사람인 양 얼마나 재미있을지를 이야기한다. 조금의 관심이라도 보이면 기록해 두었다가 동기부여하고 기대감을 준다. 문제는 아이가 하고 싶어졌는데 추첨에서 떨어질 때다. 다음 학기까지 기다려야 한다. 아이도 실망하고 나도 아쉽다.

그 마음이 이어지면 언젠가는 하면 된다로 실망에 대처하는 법을 익혔다. 하고 싶다고 다 할 수 있는 것이 아니며, 간절히 원하면 언제든 어떻게든 할 수 있다는 것을 함께 배웠다.

방과후 수업은 선택하는 법을 익히는 것이다. 다양한 수업을 듣다가 4~6학년 되니 점점 범위가 좁혀진다. 오랫동안 계속 배우게 된 것을 손에 꼽을 수 있게 된다. 아이도 지금까지 경험한 것을 바탕으로 선택한다. 정보 탐색과 자기 내면의 소리를 듣고, 감정을 인식한다. 간혹 친구나 선생님도 변수로 작동한다. 정규수업은 선택해서 하는 수업이 아니고 방과후 수업은 오로지 선택해서 한다. 이 과정을 거치며 아이들은 자기만의 취미를 계발했다.

둘째 아이는 로봇 수업을 오래 했다. 프로보와 올로 교구로 움직이는 로봇을 신나게 만들었다. 친구와 함께하는 방과후 수업을 좋아해서 함께 당첨이 안 되고 다른 반이 되면 초반엔 기쁨이 덜해보였다.

관심 분야가 달라서 새로운 것이 있으면 해 보고 매 학기 선택과 내려놓는 과정을 거쳤다. 내가 욕심 내는 과목은 한 학기라도 더 하도록 유도했다. 별 의미가 없다는 걸 몇 학기 억지로 시키고 나서야 깨달았다. 진정 즐겨야 재미있고 유효한 경험을 하게 된다.

초등학교 저학년 때는 로봇 만들기 위주로 하다가, 3~4학년 되면서 악기를 가르치고 싶었다. 내가 악기를 잘하지 못하니까 아이들에게는 악기 배우는 기회가 있으면 꼭 하면 좋겠다는 욕심이 생겼던 것이다. 어떤 악기를 좋아할까? 해 보는 수밖에 없다. 다 할 수는 없다. 특별히 아이가 선택하지 않는 한, 처음엔 내가 나설 수밖에 없다.

피리와 타악기를 시켰다. 타악기 수업을 하고 오면 오만 타악기를 사 달라고 한다. 학교에서 연주해봤는데 소리도 아름답고 재미있다면서 집에서도 하고 싶다는 거다. 제일 난감했던 악기는 마림바다. 소리가 너무나 아름답다며 눈에 하트 뿅뿅 발산하며 사 달라는 거다. 잘 달래서 학교에서 연주하는 것으로 설득했다. 타악기는 악기 종류가 다양하고 소리도 다양하다.

그 중 아들의 주목을 끈 것은 드럼이다. 아빠 회사에 드럼 연습실이 있어서 주말에 가서 연습하는 열정을 보였다. 그 당시 회사에서 드럼 레슨을 받고 있었는데 아들과 아빠가 드럼에 대해 이야기를 주고받는 모습이 훈훈했다. 집에서 연습할 수 있도록 드럼패드를 사줬다. 드럼 스틱도 함께 주문해서 학교에서 타악 방과후 수업이 있을 땐 꼭 자기 드럼 스틱을 갖고 갔다. 좋아하기에 수업시간에도 열심히 배우더니 관현악단에서 드럼 연주 파트를 맡았다.

이사 오면서 집에서 가까운 드럼학원에 다니며 신나게 드럼을 배우고 있다. 악기 연주를 하면서 자신에 대한 믿음, 자신이 좋아하는 악기가 어떤 것이고 좋아하는 소리는 어떤지, 좋아하는 곡을 듣고 연주하고 느낀다. 연주할 수 있는 곡이 늘어나면서 더 즐긴다.

방과후 수업을 통해 경험하면서 좋아하는 것을 찾아가고 있다. 코로나19로 인해 방과후 수업이 사실상 중단되었다. 다양한 학과 외의 경험이 제한되어 안타깝다. 중고등학교에 진학한 아이들의 학교 생활을 보면 다양하지는 않더라고 관심이 따라 특성화된 활동을 제시한다. 방역수칙을 지키면서 할 수 있는 것 위주로 규모와 종류가 축소되었다.

〈마림바(출처 : freepik.com)〉

방과후 창의미술에서 만들기 하는 시간을 유독 좋아했다. 도예 수업과 건축, 창의 수학 역시 만들기라서 선택 받았다. 지금도 만들기에 대한 열정이 남달라 만들기에 특화된 미술학원에 다닌다. 비행기도 만들고, 협동 작품으로 자동차도 만든다. 좋아하는 베이스기타까지 폼보드로 만든다. 만들고 싶은 걸 친구와 선생님과 맘껏 대화하며 만드는 시간이 소중하다고 말한다.

마음껏 시도해 보고 의도적인 시행착오를 경험하면서 부모도 아이도 자신을 알아간다. 내 삶에 함께할 활동인지, 분야인지 짧게도 길게도 안전지대에서 해 보았다.

무언가를 꼭 해야 한다고 조급해할 때가 있다. 예를 들어 꼭 듣고 싶은 수업이 있었는데, 그 학기에는 신청자가 많았고 추첨에 떨어졌다. 너무 서운하고 이것 아니면 안 될 것 같은 것이었을까? 시간을 번 것일 수도 있다. 한 학기 안 해 보면서 다음에 또 하고 싶은지 아니면 관심이 식었는지를 가늠해 볼 수 있다.

일상 속으로 들어오기 위해 수많은 변수들이 있으며, 직접 해 보거나, 직접 못 해 보거나 하면서도 의미를 찾을 수 있다. 해답은 자신이 갖고 있다. 그리고 자신만이 느끼고 선택할 수 있다. 다른 사람이나 상황에 의해 선택을 강요당했더라도 그것이 나와 맞지 않는다면, 내 것이 되기 어렵다. 해 봤는데 마음에 든다면 다행이다. 그 때부터 자기 것으로 하면 된다.

제 5 장

내게 맞는
취미 찾는
5가지 방법

"저는 딱히 좋아하는 활동이 없어요."

"잠이 제일 좋아요."라고 하는 사람도 있다. "일하느라 피곤해요. 또 뭘 해야 하나요?"

반면에 하고 싶은 것이 오만 가지는 되는 사람도 있다. 너무 많은 것도 없는 것도 사람마다 다르다.

몇 초가 되었든 내가 즐거운 순간을 찾아보는 것이 중요하다. 무언가를 해야 한다는 것에 얽매일 필요는 없다. 지속해서 나를 위한 순간들을 찾기를 추천한다. 자신이 좋아하는 것을 알아내는 것만큼 신나는 것이 있을까? 내가 설레는 것, 신나는 것은 나를 생기 있게 한다. 나를 살아 있게 한다.

즐거운 일상을 디자인하기 위해 취미를 활용하는 것이지, 취미 자체를 해내기 위한 것이 아니다. 좋아하는 것을 찾기 위한 방법의 하나일 뿐이다. 활동하면서 나오는 그 즐거움과 나를 찾는 길에서 만나는 친구라고 생각해보자. 취미를 찾는 것은 나를 알아가는 과정이다.

그럼 어떻게 찾아야 할지, 몇 가지 추천해 보겠다. 꼭 '이렇게'가 아니다. 쥐어짜듯 찾아보라고 하면 그것도 스트레스다. 스트레스 받지 않고 자신에게 귀 기울이는 방법을 제시한다.

첫 번째: 걸으면서 탐색한다

걷는다는 것! 처음이 어렵지 시작하면 자동이다. 어디로 흘러갈지 모르는 것이 걷기다. 생각이 막히고, 스트레스를 받고, 기분이 다운되고, 화가 나거나, 흥분하거나, 아무 생각이 없을 때도 걷기는 좋다. 몸은 걷고, 생각과 마음은 자유롭다. 걸으면서 땅이나 하늘을 보자. 걸으면서 나무를 보자. 걸으면서 이웃을 보자. 걸으면서 건물을 보자. 걸으면서 새를 보자.

걸으면서 멍해지기도 해 보자. 걸으면서 혼잣말을 해 보자. 걸으면서 관찰하자. 그렇게 느슨해진 상태에서 자신에게 집중하자. 내가 무얼 좋아하지? 내가 무얼 하고 싶지? 오롯이 나와의 시간을 보내기에 걷기보다 더 좋은 게 있을까? 필요하다면 뛰어도 보자. 중요한 것은 결국 당신이다.

걷는 것은 어딘가를 가기 위해 하는 행동이다. 걸어서 어딘가 도달할 수 있다. 그것이 장소일 수도 있고, 내 생각의 공간일 수도 있다. 걸으면서 하는 생각, 대화, 느낌을 기록해보자. 무념무상이었다가 바람이었다가 햇살이었다가 번득이는 아이디어였다가 내가 즐거운 순간에 대한 희미하거나 뚜렷한 기억이 되기도 한다.

걸으면서 나에게 이야기한다. 좋은 생각이 떠올라서 핸드폰으로 녹음했다. 한참 신나서 떠들고 나니 속이 후련하다. 내가 말하고 내가 신나서 대꾸하는데, 나는 과연 건강한 것일까 하는 웃긴 생각을 했다. 머리에 꽃만 안 꽂았지, 혼자 중얼거리며 시시덕거리는 모양이 정말 미친 것 같다. 나 자신에 미친 사람이다. 내가 말하고 칭찬하고, 좋은 생각을 해냈다면서 신나고 설렌다. 언제 이렇게 신나게 떠들어 보았는가? 참으로 나 자신은 휴대가 간편한 친구다.

알라딘의 요술램프에 나오는 지니는 어쩌면 알라딘 자신이었을 수도 있지 않을까? 고민에 대한 해답은 대체로 자신이 알고 있다. 단 세 번의 소원을 들어준다지만, 그건 초능력을 발휘하는 횟수이고, 결국 지니는 알라딘의 친구가 된다. 어디든 데리고 다니고, 절박할 때 간절히 바란다. 간절할 때 내 소원을 이루도록 도와준다. 닮아있다. 나다워질 수 있도록 도와주는 것은 결국 나밖에 없다.

앞에서《하버드 감정수업》에서도 나를 도울 사람은 나밖에 없다는 것을 한 남자의 이야기를 통해 보여주었다. 거울을 보라. 거기에 당신을 도울 단 한 사람이 있을 것이다.

걸으면서 생각이 안 나도 괜찮다. 걷는 것 자체에 집중해보면 좋겠다. 아직 안 해봤다면, 지금 당장 그 자리에서만이라도 몇 걸음 떼 보자. 생각보다 근사하다. 칭찬도 해보자. '어머 너 정말 잘 걷는다.' 어쩌면 생각조차 나지 않는 걸음마 하던 시절의 기쁨이 떠오를 수도 있겠다. 그렇게 시작하는 것이다.

출근하며 퇴근하며 등교하며 하교하며 마트 가며 커피 마시러 가며 끊임없이 걷고 또 걷는다. 그 틈새에서 나를 만나는 시간을 즐기자. 그것이 내가 삶을 즐기는 방법이다. 내 삶을 발견하는 요긴한 도구가 된다.

두 번째 : 골라 봐, 해 봐, 느껴 봐

한두 가지 떠오르는 것이 있는가? 그중에서 골라 보자. 이미 하는 것이 있는가? 배워 보고 싶은 것이 있는가? 떠오르는 것을 골라서 일단 시도해 보자. 그리고 느껴 보자. 힘든가? 즐거운가? 지루한가? 설레는가? 꼭 끝까지 해야 한다는 생각도 내려놓자. 중요한 것은 해 보고, 느끼는 것이다. 그 과정 자체가 당신에게는 자유이고, 시도이고, 휴식이고, 도전이다. 당신이 무엇을 좋아하든 간에 당신을 위한 시간을 쓴다는 것이 기쁨이 되기를 바란다. 나에게도 그 시간이 매우 소중했다. 직장 생활과 육아를 하면서 쏟아부은 열정과는 다른 기쁨이었다. 나를 위한 시간을 갖는 것 자체가 보석 같은 순간이다.

즐거운 것을 생각하는 것만으로도 설렌다. 떠오르는 게 있다는 것도 행복하다. 그중에서 골라야 한다는 것이 즐거울 수도 있고 괴로울 (?) 수도 있다. 생각만 하면 안 된다. 꼭 해 보자. 당장 일어나서 해 보자. 오늘이다. 늘 오늘이다. 지금이다. 내일 하겠다는 것은 너무 멀다.

당신이 무얼 하든 느껴 보라. 밥을 먹을 때도 마찬가지다. 무신경하게 밥만 먹지 말라. 밥알을 느껴 보고 내가 좋아하는 식감은 무엇인지, 밥알을 씹을 때의 느낌은 어떤지, 매일 하는 것도 다른 시선으로 다른 감각으로 느껴 보자. 그렇게 자신에 대해서, 자신이 하는 것에 대해서, 자신이 생각하는 것에 대해서 느껴 보는 순간을 기억하자. 그래야 길을 잃지 않고 자신을 제대로 알아갈 수 있다.

그림을 그리면서도 마찬가지다. 내가 보는 것과 내가 그리는 느낌에 집중해 본다. 사각거리는 소리가 마음과 귀를 편안하게 해준다. 막막하던 풍경이 구도를 잡고 자리를 잡고 하나하나 평면에 재현되는 것에 놀랄 것이다. 스케치하고 색을 부여하며 내가 좋아하는 방향으로 되고 있다면 더더욱 기분이 좋다. 반대로, 풀리지 않는 막막함이 들 때는 과감히 멈춘다. 오히려 다른 것을 그리며 뻥 뚫리는 경험을 할 때가 있다.

그냥 물어보자. 나 자신에게.

골라 봐, 해 봐, 느껴 봐.

세 번째 : 많이 시도하고 경험한다

나는 내가 즐거운 순간을 소중히 다루기 시작하면서 많이 시도하고 경험하기로 했다. 여전히 현재진행형이다. 세상에는 재미있는 것이 많다. 내가 안 해 봤을 뿐, 내가 모를 뿐이다. 궁금해지면 해 보자. 누가 추천하면 그것도 해 보자. 시도해 보는 것이다.

얼마 전 아이패드 드로잉 배우는 모임에 갔다. 나는 작년부터 아이패드로 드로잉을 했지만, 나는 아직도 목마르다. 내가 좋아하는 작가님이 진행하시는 드로잉 수업에 다섯 명의 참가자가 모였다. 각기 하고자 하는 것이 달랐다. 아이패드로 그림을 그리고 싶어하는 것은 참 닮았다. 대체로 아이패드로 그림을 그리고 싶은데 잘 알 수 없어서 드로잉 모임에 나왔다고 했다. 그림에는 소질이 없다는 분도 있었다. 회사에서 키우는 캐릭터가 있는데, 그 캐릭터를 어떻게 하면 잘 살려 볼까 고민을 한 분도 있었다. 조용히 아이패드로 그리는 법을 배우고 싶은 분도 있었다.

그림책 표지를 그리는 것이 그날의 주제였다. 책을 읽기도 하고 판매하기도 하는 책방이라 책이 많았다. 그 많은 책 중, 그리고 싶은 책이 달랐다.

보여주는 순간 내 눈에 들어오는 책을 골랐다. 내 그림 동지들도 각각 책을 골랐다. 다들 책 표지 그리는 것은 어려울 것 같아서 부담스러워했다. 아이패드에 그려가면서 다들 두려움을 슬슬 내려놓는 것이 보였다. 기능에 대한 도움이 필요할 뿐, 온전히 자신이 그려나가고 있었다. 레이어 사용법이라든지 브러시 고르는 법이라든지 기계 사용법은 그림을 그리는 데에 부수적이다.

사실 우리에게 필요한 것은 아주 복잡한 수학 공식이 아니다. 펜을 잡고 선을 긋고 그리는 것이 시작이다. 그 순간 어느 길로 갈지 알려주는 표지판 같고, 친구 같은 선생님이 있다면 더 좋겠다. 뿌듯해하며 그림책 표지를 그려냈다. 그림에 소질이 없다고 하신 분은 너무나 아름다운 그림을 그리셨다. 본인도 놀란 눈치였다. 시도해보던 중 발견한 소중한 소질이었다. 살면서 일상을 조금만 벗어나도 우리는 놀라운 자신을 만나게 된다. 많이 시도하고 경험하자.

나도 드로잉 수업을 하게 되었다. 내가 생각해도 희한한 일이다. 나로서도 큰 용기를 낸 것이다. 끄적끄적 그린 그림을 호기심 반 부러움 반 격려해 주니 용기가 났다. 주제는 '동그라미로 시작하는 감정 드로잉'이다. 동그라미만 그릴 수 있다면 누구나 쉽게 드로잉을 시작할 수 있고 즐길 수 있다는 내 믿음을 시연했다. 아주 느릿느릿 몇 년간 그려 왔던 나의 그림처럼, 서두르지 않고 내가 경험한 것을 풀어 보았다.

소규모 그룹에서 시도해 본 것이어서 확신은 있었다.

긴장을 풀고 할 수 있다는 패러다임 쉬프트를 첫 번째 실습에서 함께 했다. 이 책을 읽으면서 한 번 해 볼 수 있게 설명을 해 보련다.

방법:

1. 종이와 펜을 준비한다.

2. 앞에 사람이나 사진, 거울이 있다면, 시선을 고정한다.

3. 절대 종이를 내려다보지 않고 펜으로 사람을 그린다.

4. 절대 종이를 보지 않는 것이 키포인트다.

5. 다 그렸다면, 이제 종이를 내려다보자.

6. 어떤 그림이 그려졌는가?

나와 함께 그린 사람들은 자신이 그린 그림을 내려다보는 순간 웃음이 터져 나왔다. 재미있는 웃음이었다. 나도 그랬다. 어쩌면 몇 번을 해도 내 그림은 피카소인가? 나는 이 그림에 소질이 있는 것이 아닐까? 이 그림의 특징은 절대 못 그리는 그림이란 없다는 것이다.

아무리 똥손이라 주장해도, 절대 어떤 그림에도 뒤처지지 않는다. 게다가 자신의 개성이 담긴다. 내가 그림을 분석하거나 미술치료를 하는 능력은 없으나, 그림의 느낌을 감상하고 이야기하면서 즐거움을 느낀다. 해맑은 그림을 보면서 기분이 좋아진다. 꾸미지 않은 태어날 때부터 갖고 나온 천재성을 이 그림에서 찾는다.

이 드로잉 특강에 참여한 사람들은 용감하고 자신을 사랑하는 사람이라고 생각한다. 그래서 더욱더 고맙다. 그 마음이 고스란히 나에게 전달이 되어 설렜다.

그림을 통해 내가 원했던 건 내 눈과 마음으로 보고 느낀 그대로 표현하는 것이다. 사물을 똑같이 구현한 그림을 완벽히 그리려면 시간이 더 필요할 수 있다. 내가 느끼는 것을 선으로 표현하고 표시하는 것은, 해 보면서 감각이 살아난다. 드로잉 근육이 다시 만들어진다. 많이 시도하고 경험하면서 내 것이 될 수 있는 것들을 작은 성공을 통해 꼭 찾아내고 즐기기를 응원한다.

그림을 그리는 순간의 소리와 펜을 잡은 촉감과 펜과 종이가 만나는 느낌 등에 집중하다 보면, 그날의 기분들이 스르르 풀린다. 이구동성으로 휴식 같은 시간이라고 말한다. 분명 손도 쓰고 눈도 쓰는데, 휴식이라 느낀다. 구속했었을 느낌을 잠시 내려놓으니 생기는 감정이다. 시도하면서 지금은 기억하지도 못할 어릴 적 편안하고 즐겁게 활동했던 날들로 돌아가 시원하고 순수한 즐거움을 만나 보자.

네 번째 : 어릴 때, 좋아했던 것을 기억해 보자

실마리는 어릴 때 신나게 했던 것이다. 딱지치기를 좋아하고 친구들이랑 몰려다니며 쥐불놀이 하고, 땅바닥에 나뭇가지로 그림 그리며 무엇인지 맞추는 놀이를 했다. 초등학교 저학년부터 줄기차게 하는 고무줄 놀이는 잘하지 못했다. 그래서 친구들이 안 끼워줬다. 이사를 많이 다녀서였는지, 고무줄 놀이 하는 나이에 친구들과 고무줄 놀이 대신에 다른 걸 했나 보다 싶었는데 나는 움직이며 하는 놀이에 영 꽝이었던 것이다. 심각한 몸꽝이다. 수없이 반복하면서 고무줄 놀이 하는 순서와 타이밍을 알고 해내야 하는데 어찌나 안 되던지. 재미가 없어서 반복해서 연습하는 정성을 들이지 않았다. 몸꽝이어서 즐기지 못 했고, 그래서 고무줄이라는 놀이가 장착되지 않았다. 대신 숨바꼭질 (역시… 많이 안 움직이는 놀이다.)을 자주 했다. 술래잡기는 잘 안 했다. 많이 뛰어야 하니까. 소꿉장난도 즐겨하던 놀이다. 역시… 마당에서 꽃이나 돌을 이용해서 아기자기하게 꾸며놓고 역할 놀이를 했다. 앞집 사는 친구랑 매일 소꿉장난을 했다.

그 친구와 학교 무용반에서, 한국 무용을 했다. 내가 어떻게 췄을까 생각하면 몸이 부르르 떨린다. 엄마는 내가 아이들과 잘 어울리지 않는 게 안타까웠나 보다. 극히 조용한 아이였나 보다. 그때나 지금이나 움직임이 그리 크지 않다. 친한 친구와 함께 무용을 배웠다. 무용은 즐거웠다. 그러나 엄마의 목적에 대해서는 실패다. 활동적이고 여우 같은 (?) 아이들과 어울리면서 그 아이들과 비슷해지거나 친해지는 일은 일어나지 않았다. 오히려 위화감이 들었다. 어린 나이에도 선입견이 있었던 것일까? 자신감 있게 동작을 하고, 눈에 힘이 들어가 있는 아이들을 보며, 친해져야겠다기보다는 나만의 세계에 숨었다. 물러섰다. 게다가 나는 엄청난 몸꽝이다. 남들보다 많이 반복해서 연습하지 않으면 안무를 따라가는 것이 힘들다.

댄스를 잘하는 딸이 말한다.

"천 번을 연습하면 가능할 수 있어. 엄마도 가능성 있어."

오늘도 내일도 '천 번을 연습할 만큼 좋아하는 안무가 생기면 해 볼게'라고 다짐한다.

몸꽝이지만, 댄스에 도전하고 싶은 마음은 변함이 없다. 막춤을 좋아한다. 안무가 있는 춤은 발이 안 떨어진다. 왼팔을 올리라 하면 오른팔이 자동으로 올라간다. 내 의지와 반대로 움직이는 몸을 길들이려면 대체 어떤 마법이 있어야 할까? 코로나로 인해서 댄스학원 다니기도 어려운 상황이라고 핑계대며 칼만 갈고 있다. 기대된다. 내가 천 번을 연습할 만큼 매력적인 안무는 과연 어떤 것일까? 꼭 확인하고 싶다.

이렇게 어린 시절 즐기던 놀이나 기억나는 장면을 떠올리다 보면, 내가 어릴 때 어떤 종류의 활동을 좋아했었는지를 떠올려 볼 수 있다. 떠오르는 대로 기록해 보자. 방금 읽었듯이 시간순도 아니고 생각나는 대로 쓰고, 가끔 놀라기도 하고, 어떤 패턴이나 취향을 발견하여 놀라기도 한다. 그 감정도 기록한다. 아직도 몸치인 것은 변함이 없지만, 해보고 싶은 마음이 남아 있음을 발견한다. 그림과 마찬가지로 잘하지 못해도 하고 싶은 것이 춤이다.

어쩌면 내 어린 시절 타임머신을 보면서 당신의 타임머신도 작동하고 있는지도 모르겠다. 당장 아무 종이나 꺼내서 적어 보라. 즐거운 시절의 즐거운 감정이 솟아올라 미소 짓게 되기를 바란다.

다섯 번째 : 마지못해 하는 것은 잠시 멈추어 본다

지금 하는 것 중, 마지못해서 하는 것이 있는지 살펴보자. 시작하긴 했는데 재미도 없고 흥미도 없고 소질도 없지만 관성의 법칙으로 꾸준하게 지루해하면서 하는 활동이 있지 않은가?

멈춰 보기를 추천한다. 그러면 똑바로 보일 때가 있다. 이걸 안 할 때 근질거린다면 내 삶에 즐거움을 주는 것이었거나, 주고 있는 것이다. 성인이라면 안 하고 싶으면 안 하게 되는 것이 자연스럽다. 그런데, 옆에 사람이 한다고… 같이 하자고 해서 마지못해서 하는 것이 있다면, 그건 당신을 위한 것이라기보다는 다른 사람이 원하는 것이다. 아니면 그 사람과 시간과 공간을 함께하는 것을 좋아하는 것일 수 있다. 그것만으로도 의미 있다.

그런데 진정 재미를 못 느끼는 것이라면, 괴로워하고 지루해하면서도 한다면 양쪽 다 좋을 리가 없지 않은가? 누군가를 기쁘게 하기 위해 나를 희생하기보다는 또 다른 공통 관심사를 찾는 것이 더 행복하리라.

함께하는 것이 무의미하다는 것이 아니다. 그 자체로도 의미 있다. 단, 솔직해지자.

"그 활동이 나한테 잘 안 맞는 건지도 모르겠어요. 당신과 함께 이걸 하는 것은 좋아요. 단지 그 활동이 내게 설렘이나 기쁨을 주지 못하고 있네요."

당신이 좋아하는 활동에 초대해보는 것도 좋겠다. 내가 그 사람의 활동에 초대되어 체험했듯이 그 사람도 내 활동에 초대하는 것이다. 서로를 이해하는 시간이 될 것이다.

어쩌면, 활동 이후에 먹는 식사나 차 한 잔이 당신이 원하는 것인지도 모르겠다. 당신에게도 솔직해지고, 함께하는 사람에게도 솔직해지는 것이 좋다. 억지로 하면 티 난다. 활동이 아니라 사람 관계가 더 중요하다면, 최선을 다해 그 활동을 잘해본다. 그러면 적어도 여긴 '어디? 나는 누구?' 하는 식으로 몸만 그곳에 있는 상태로 자신을 고문하는 일은 없지 않을까?

하고 싶은 것, 좋아하는 것을 선택하였다면, 두 가지를 마음에 두자. 중도 포기할 용기를 가지라는 것과 완벽한 취미란 없다는 것이다.

중도 포기할 용기를 가져라

"자신의 삶이 원하는 소리를 귀담아듣고 세상의 욕망을 포기하는 것을 두려워 말라"

《포기하는 용기》에서 심리학자인 이승욱 작가는 '성공을 위해 자기 삶을 희생한 삶'으로 인해 얼마나 공허해지는지 이야기해 준다. 인정받기 위해, 성공하기 위해 자기 자신이 좋아하는 것을 눌러놓고 사는 삶은 과연 행복한가? 그 길의 끝에는 무엇이 있을까? 성공을 향해 가는 길을 제대로 둘러보지 못하고 즐기지 못한다는 것은 공허하다.

조용히 물어본다. 내 안에 있는 나에게 물어본다.

진정 즐거운 것이 아니라면 내려놓는다. 괜찮다. 포기는 실패와 같은 말이 아니다. 나에게 귀 기울이고 존중해 주는 것이 바로 포기하는 용기다.

큰맘 먹고 시작한 취미 후보가 있다고 치자. 해보니 영 내 스타일이 아니다. 어렵기만 하고 고되고 재미도 없는데, 시작하느라 신경도 많이 쓰고 돈도 좀 썼을 수 있다. 중간에 그만두는 것이 아까워서 그냥 참고 하는 경우가 한 번씩은 있지 않은가? 죄책감마저 느낀다.

내가 이걸 한다고 한 것을 후회하느라 괴로워했던 적이 있지 않은가? 나는 그렇다. 처음엔 너무 재미있다가 점점 지쳐가는 것도 있다. 그럴 땐 과감해지자. 당장 멈춰보자. 그러면 보인다. 내가 잡고 있는 것이 무엇인지. 나를 위해서 하는 것인지, 보여주기 위해서 하는 것인지. 나중에 다시 하고 싶어질 수 있다. 그건 그때 생각하자. 굳이 즐거움이 없는 것을 억지로 할 필요는 없다. 괜찮다.

어릴 때 부모님이 억지로 시키셨던 것을 꾸역꾸역하던 기억이 있는가? 또는 하고 싶다고 시작했다가 그만두었던 기억이 있는가? 내겐 피아노가 그렇다. 어릴 때 피아노 학원 가는 것이 그리 싫었다. 피아노 학원 간다고 하고 샛길로 빠져 놀다가 엄청 혼이 난 적이 여러 번 있다. 피아노 하면 피아노 학원 빠졌던 게 제일 많이 떠오른다. 왜 가기 싫었을까? 이유를 대자면 정말 한 바닥이다. 친구랑 놀고 싶고, 피아노 치는 게 지루하고, 내가 좋아하는 곡도 없고 (특히 바이엘) 선생님도 왠지 무섭고, 피아노 학원에 친구도 없고, 다 나보다 잘하고, 즐거운 구석이 하나도 없었다. 게다가 어릴 땐 내 맘대로 그만둘 수도 없었다.

하다 말기를 반복하다가 초등학교 4학년엔가 그만뒀다. 연습을 잘하지 않아서 진도가 안 나간다는 것이었다. 옳다구나 했었다. 피아노 학원만 안 가면 더 즐거운 세상이 펼쳐지기라도 할 것 같이 말이다. 웬일인지 피아노를 그만두고 악보를 잘 못 읽는 사람이 되었다. 어쩌면 좋은 핑계로 이용한 것일 수도 있다. 언어를 배우듯 익숙해지고 몸에 배도록 연습하고 노력해야 유창하게 볼 수 있을 뿐이다. 분명 악보를 보고 피아노를 쳤을 텐데, 나는 악보를 멀리했다. 노력하면 볼 수 있는 것인데, 의식적으로 무의식적으로 거부했다. 여전히 음악을 좋아했지만, 악보에서는 멀어졌다. 무슨 일이 일어난 것이었을까? 즐거운 경험 없이 무작정 배우는 것은 이런 비극(?)을 연출할 수도 있다. 편하게 생각하자.

피아노는 포기했지만, 음악을 좋아했다. 6학년 때 전학 가자마자 합창부에 들어가겠다고 합창부 선생님을 찾아갔다. 합창부가 되었지만, 내내 나를 괴롭히는 것이 악보를 읽고 소리를 내는 것이었다. 음치는 아니었으나 악보에 대한 두려움이 있었다. 왜 그렇게 노래를 부르고 싶었던 건지 모르겠다. 그저 음악에 다시 노크하는 어린이였다. 음악을, 악보를 포기하지 않고 다시 다른 모습으로 도전했다. 지금은 해금과 칼림바에 도전하고 있다. 악보에 대한 열등감이 걸림돌이 되기도 하지만, 언젠가는 잘하고 싶은 마음이 남아있다. 과거에 그만두었든, 지금 그만두든 그것은 어쩔 수 없다. 단지 다시 하고 싶어질 때, 다시 용기를 내면 된다. 죽도록 싫으면 쳐다보지도 말자.

포기하고 난 후 열망이 극대화되는 것일지도 모르겠다. 가지 않은 길에 대한 미련이려나?

어른이 되어 피아노를 계속 배울 걸 하며 후회했다. 피아노를 멋들어지게 치는 사람을 보면 부럽다. 피아노뿐만 아니라 악기를 연주하는 것이 멋있다. 나처럼 성인이 되어 피아노를 동경하는 사람을 여럿 만나봤다. 어릴 때보다 시간이 좀 더 걸릴 뿐, 다시 도전할 수 있다. 분명 어릴 때 그만두었을 때도 얻는 것이 있었겠지? 하기 싫은 것을 하지 않고, 그 시간에 뛰어놀았다.

남편은 어릴 때 피아노에 재능이 있다고 피아노 선생님이 피아노를 계속 치라고 권유했다. 피아노 외에도 해야 하는 게 많았던 남편은 어느 날 피아노를 그만두었다. 피아노를 좋아하는 어린이가 어른이 되어 피아노를 다시 시작했다.

아이들이 어릴 때부터, 피아노를 좋아하도록 하고 싶다며 중고 피아노를 샀다. 시간이 날 때마다 남편은 피아노를 쳤다. 점심시간에 피아노 학원에 다니려고 회사 근처 피아노학원이란 학원은 다 가봤다고 한다. 우리나라 대부분의 피아노 학원들은 학생을 대상으로 한다. 성인반이 있는 피아노학원이 흔하지 않았다.

남편이 대관령에서 근무하게 되었을 때, 발령받고 가서 바로 읍내에 있는 피아노학원부터 찾아다녔다. 지방 근무하면서 점심과 저녁 시간을 배우는 시간으로 채웠다. 지방에 혼자 근무하는 것이 안쓰러웠지만, 배우고 싶었던 것을 맘껏 배우는 것은 부러웠다.

지금에서야 말하는데, 그 당시에는 질투가 나기도 했다. 아이들이 어린이집과 초등학교 저학년일 때였다. 퇴근해서 집에 오면, 온통 아이들에 집중하는 내 저녁과는 사뭇 풍경이 달랐다. 동화책을 신나게 읽어주고, 자장가를 수십 번을 불러주고, 쌓기 놀이하고, 꼬물딱 꼬물

딱 만들기, 물감 놀이, 프라모델 조립하기, 인형 놀이 등을 했다. 지금 떠올려도 미소를 짓게 하는 내 저녁 풍경은 아이들과 함께하는 즐거운 일상이었다.

혼자 지방에서 일상을 보내야 하는 남편에게는 영화, 수영, 피아노, 테니스, 승마 등 대관령이라는 곳에서 할 수 있는 것을 잘 찾아서 하는 것이 평일을 잘 보내는 비법이었다.

연말 크리스마스 즈음 어느 주말에, 피아노학원에서 발표회를 했다. 대관령에 있는 근사한 호텔 연회장에서 남편은 솔로 무대와 듀엣 무대에 섰다. 직장 상사와 함께 듀엣으로 연주했다. 유일한 성인 학생들이었다. 초등학생부터 고등학생들이 대부분이다. 그중 무대에 오른 성인 두 명은 용감하고 아름다웠다. 분명 어릴 때 피아노학원 가기를 포기하고 다른 선택을 했을 것이다. 그들은 어른이 되어서 이렇게 피아노 앞에 우뚝 서 있었고 해맑았다.

포기하는 법을 아이에게서 배웠다.

피아노를 그만둬봤던 나와 남편 역시 아이들을 피아노학원에 보내봤다. 흑역사는 되풀이되는 것인가? 아이들은 피아노 학원 다니다가 자진해서 그만뒀다. 첫째 아이는 영화 〈말할 수 없는 비밀〉에 나오는 엄청나게 빠른 〈쇼팽 왈츠 7번〉 곡을 치고 싶다며 피아노학원에 다니기 시작했다. 바이엘 진도를 나가면서도, 집에 있는 〈Sara Perche Ti Amo〉 '노란색' 단행본 악보를 가져가서 반복해서 배웠다. 다른 건 몰라도 자기가 좋아하는 곡을 배울 때만큼은 피아노학원 가는 데 열정이 있었다. 본인이 만족할 만큼 치고 나서는 홀연히 피아노를 그만뒀다. 그 정도면 됐다는 것이다. 어디서 그런 결단력이 나왔을까? 참으로 현명한 아이다. 피아노 배우려는 동기가 된 쇼팽의 왈츠 7번곡은 피아노 학원에서 배우지 못했다. 그래도 아빠가 가르쳐준 쇼팽 왈츠 곡의 일부를 함께 치곤 한다. 피아노가 아니라, 음악을 즐기는 법을 익히고 있었다. 초등학교에서 가야금, 거문고, 해금 연주를 배우며 즐기는 아이를 보며 느꼈다. 피아노 학원을 그만두었으나 더 넓게 음악을 즐긴다.

포기하는 것은 또 다른 시작이며 발견이다. 시도하는 것이 시작이었듯, 포기하는 것도 시작이다. 자신을 이해하고 귀 기울이며 따르는 것, 그것이 포기다. 단, 기억하자. 그 과정에서도 중심은 나 자신이다. 내가 그 활동을 할 때 어떤 마음인지, 어떤 점이 나에게 안 맞았고, 어떤 점이 잘 맞았는지를 생각해 보자. 그래야 그다음이 있다.

다시 한 번 말한다. 내가 즐겁게 살기 위해 하는 활동이라는 것을 잊지 말아야 한다.

완벽한 취미란 없다

내 일상을 즐겁게 디자인하기 위해 내 보폭에 따라, 내 상황에 따라서 한다.

그리기나 모임이 그렇다. 항상 하고 싶은 것은 아니다. 항상 할 수 있는 것도 아니다. 내가 표현하고 싶은 것이 있을 때 집중하게 된다. 그것이 나에게 의미가 있을 때 그리는 행위 자체가 나에게 위안이 되고 즐거움이 된다. 각기 다른 장소에서, 같은 시간에 활동을 함께한다는 것이 즐겁다.

코로나로 인해 마음껏 하지 못하는 활동들이 얼마나 많은가! 집에서 나 혼자 하는 것은 무엇이든 가능하다. 그런데 여러 사람과 모여서 하는 활동은 제약이 있다. 그림처럼 혼자서도 충분히 할 수 있는 활동일지라도 사람들과 함께하면 더 동기부여가 되고 기분이 좋다. 동호인들과 이야기하면서 그림을 그리는 시간은 무엇과도 바꾸기가 힘들 정도로 재미있다.

백신이 안정화, 대중화되기 전까지는 사회적 거리 두기만이 살길이다. 그렇다면 함께 만나서 하는 취미는 그만두어야 할까? 랜선 모임을 통해 허전함을 달래 볼 수 있다. 안 해봤다면 아직 익숙하지 않을 뿐이다. 시도해 보기를 권한다.

일례로 내가 참여하고 있는 여성 1인기업가 모임인 원더우먼의 월간 모임을 들 수 있다. 코로나 이전 시대에는 매월 한 가지 주제로 유료 세미나를 했다. 모임 장소를 빌려서 샌드위치를 먹으며 브랜드, SNS 트렌드, 상표법, 비주얼 씽킹 등의 강의를 들으며 소통했다. 코로나로 집콕을 하게 되면서 줌으로 모임을 하기 시작했다. 이처럼 모임의 형태가 달라졌다.

박상희 대표님이 '랜선 힐링 타임' 〈나의 감정을 표현하는 패턴 아트〉라는 주제로 모임을 했다. 그림을 통해 감정을 표현하는 법을 배우고, 각자의 노트에 그림을 그렸다. 감정을 글로 적고 패턴으로 그림을 채워나갔다. 줌을 켜놓고 패턴을 그리는 시간, 세상이 멈추고 나와 펜만이 오롯이 움직이는 것 같았다. 사물과 풍경을 묘사할 때와는 다른 고요함이 지친 마음을 위로해줬다. 귀로는 참여자들의 이야기를 듣고 손과 눈은 그림을 좇고 있으니 함께 시간을 보내는 듯했다. 차 한 잔을 마시며 그림을 그리는 시간이 주는 위안이 잔잔히 남아 있다. 사람들과 만나서 눈웃음을 나누며 함께해야 모임이라는 공식이 사라지고 있다. 오프라인에서 만났던 사람들이라서 온라인으로 봐도 그런 것이 아닐까? 내 대답은 둘 다, '그렇다 & 그렇지 않다'. 아무리 기술이 발달해도 인간적인 것이 바탕이 되어야 한다. 실제로 사람을 만난 것과 화면으로만 본 것은 물론 다르다. 코로나19라는 특수한 상황이기도 하지만, 온라인으로 모임을 하는 장점이 있다. 관점에 따라서는 장점일 수 있는 것이 단점이 될 수 있다. 그 반대도 마찬가지다. 물리적인 거리를 온라인이 해결해 준다.

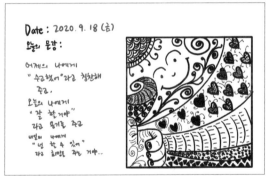

〈감정카드 젠탱글〉

특히 코로나 이후 시대에는 취미의 종류와 즐기는 환경을 유연하게 조정하게 되었다.

독서모임을 예로 들어 본다. 코로나 이전이었다. 좋아하는 신나리 작가님이 주최하신 번개 독서모임에 간 적이 있다. 카페에 열 명 남짓 둘러앉아서 책을 읽으며 느낀 점을 이야기한다. 어떤 부분이 인상적이었는지, 어떤 부분이 와닿았는지, 그리고 내 삶에 적용하고 싶은 것은 무엇인지에 대해서 돌아가며 이야기한다. 책을 읽고 모여서 책에 대한 생각을 나누었다.

카페에 모여 음식을 먹는 행위 자체가 먼 세상 이야기 같다. 지금으로선 랜선 모임이 대안이다. 완벽하지는 않다. 그렇다고 내가 좋아하는 것을 안 할 수도 없다. 버스, 기차, 비행기 타고 좋아하는 것을 하기 위해 모였던 적이 있다. 어쩌겠는가? 나의 호기심과 관심은 코로나 시대든 아니든 그대로인 것을.

아침 독서, 새벽 독서, 미라클 모닝 등 하루를 일찍 시작하는 모임이 있다. 온라인이라는 장점을 발휘하여 뜻이 맞는 사람들끼리 정해진 시간에 각자가 있는 곳에서 접속하여 모인다. 조기축구회가 떠오른다. 동네라 가까우니 아침 일찍 학교 운동장에서 만나서 운동하는 것이다. 그러나 서울과 부산에 있는 사람이 매일 같은 장소에서 만나기란 아무래도 무리다. 온라인으로 새벽에 만나는 것은 비교적 쉬운 편이다. 뜻이 있느냐의 문제, 일어나서 그 앞에 앉아있을 수 있느냐의 문제다.

《트렌드 코리아 2021》 독서모임 활동으로, 집단지성 강독회에 연사로 참가했다. 3주간 챕터마다 정해놓은 일정에 맞춰서 읽고 본 것, 깨달은 것, 적용할 것을 네이버 카페에 꾸준히 작성했다. 각자 한 가지 주제로 5~10분 정도 자료를 만들어 독서모임 멤버들끼리 발표했다. 리허설하면서, 발표와 발표자료에 대한 피드백을 주고받았다. 리허설과 피드백을 하면서 수정하고 발표하는 스타일과 스킬을 본받고 배웠다.

《트렌드 코리아 2021》에 관심 있는 사람들을 초청하여 강독회를 열었다. 책 한 권을 읽고 여러 사람에게 나눔을 하는 것 자체가 멋진 일이다. "읽고 이해하고 쉽게 풀어 이야기해 주는 집단지성 강독회"라는 부제로 줌에서 열린 행사다. 코로나 시대 이전이었다면, 장소를 빌려서 사람들을 초대하고 인사하고 얘기 나누느라 활력이 넘쳤을 것이다. 그 활력이 줌에서도 어느 정도 살아났다. 이야기 나누고 반가워하면서 온라인에서 풀어냈다. 강독회 전에 가볍게 사는 이야기를 했다. 책을 읽고 느낀 점, 적용할 점에 대한 의견도 제시했다. 모든 강연이 끝나고 랜덤으로 소그룹으로 나누어졌다. 수십 명일 경우, 대화를 나누기가 복잡하다. 그래서 5~6명으로 나누어 보다 깊은 이야기를 할 수 있는 시간을 만든다. 인상 깊었던 트렌드, 내 삶에 적용하고 싶은 점을 이야기했다. 어떻게 자신의 생활이나 사업에 적용하고 싶은지 이야기할 때 열정이 넘쳐났다. 처음 보는 사람들과 자신의 이야기를 하고 다른 이의 이야기를 듣고 소통하는 장면이 상상이 되는가?

모임을 좋아하는 사람은 만나는 것을 즐긴다, 완벽하지는 않더라도 이러한 대안이 있으니 조금만 마음을 열고, 핸드폰을 켜고, 노트북을 열고, PC를 켜고 만나 보자. 이제 영상통화/화상회의는 업무를 위한 것이 아니게 되었다. 인간적인 교류와 생각과 지식과 취미를 온라인 으로 경험할 수 있게 인간이 변했다. 백신 접종을 통해 상황이 변하더 라도 온라인 강의와 온라인 취미 모임은 유지될 것이다. 온·오프라 인을 병행할 것이다.

〈세나시 독서모임 강독회〉
세나시 독서모임 강독회 강사로 참여했다. 두 번째 줄 좌측이 본인이다.

　취미도 진화하고 사람들도 상황에 따라 적응한다. 내가 원하는 형 태가 아니어도 조금은 유연하게 빠져들어보자. 완벽하게 세팅된 상태 에서만 내가 즐거울 것이라는 생각은 접자. 마음을 열고 어디로 흐르는지 흘러가 보자.

완벽한 취미란 없다. 만들어가는 것이다.

제 **6** 장

소확행이 되는
슬기로운
취미 생활

어디 가? 영어학원 가요

퇴근 시간, 어디론가 바쁘게 가는 사람들을 보면서 어디로 향하고 있는지 상상해 본다. 표정에는 찌든 기운이 아니라 밝은 기운이 느껴진다. 일한다는 것과 퇴근한다는 것은 반대말 같지만, 사람에 따라 매우 다르다. 일하는 시간도 퇴근하는 시간도 즐거운 사람이 되고 싶지 않은가? 서로 영향을 미치는 관계인 것 같다. 내가 관찰한 이들 중 퇴근 시간이 즐거운 사람들이 일도 즐겁게 하는 사람이었다. 일하는 시간은 현재, 퇴근 후의 시간은 현재를 즐기고 미래를 일궈가는 시간이다.

나는 출퇴근길에 짧은 거리라도 동행이 생기면 꽤 소소하고 친근한 대화를 나눈다. 어느 날 퇴근길에 만난 신입사원에게 물었다. 퇴근하고 집에 가는 길인지…. "영어학원 가요." 당시에는 입사한 지 몇 개월 안 되었을 때였다. 1년 정도 지나고 퇴근길에 함께 걷게 되었다. 퇴근하고 어디 가는지 물어봤다. 여전히 영어학원에 등록해서 다니고 있다고 했다. 한 달도 거르지 않았다고 하는 그가 다르게 보였다. 1년 전에도 그리 느꼈지만, 1년이 지나고도 아우라가 있었다.

현재 하는 일에 머무르는 것이 아니라, 하고 싶은 일을 하기 위해서 영어를 계속한다고 한다. 이런 직원은 반드시 함께 일해야 한다. 꿈이 있고 실천하는 사람은 무얼 하더라도 진짜 보석이다.

영어 배우는 것이 취미인지 공부인지 경계가 모호할 수 있다. 글쎄, 둘 다일까? 억지로 한다면 분명 취미라 부르기 어렵다. 하지만 신나게 즐기면서 하는 것이라면 취미라고 부르고 싶다.

내가 영어학원 다녀본 것은 매우 오래전이라 요즘 영어학원에 대해 말하기는 어렵다. 삼육학원이라고 들어봤는가? 겨우겨우 새벽에 수강 등록하고 영어학원 다니던 시절, 까마득하다. 나에겐 영어학원이 취미는 아니었지만, 재미있었다. 같은 반 사람들과 수다(?) 떠는 시간이 재미있었다. 영어로 수다 떠는 것보다는 한국어로 수다 떠는 것이 비중이 높았다는 것이 함정.

나도 영어가 직업과 연관이 있었기에 영어를 더 잘하고 싶은 마음이 늘 있다. 추측되겠지만, 나는 영어도 온라인을 선호하게 되었다. 튜*링을 몇 개월 치 등록하고 딸과 번갈아 가며 수업을 들었다. 내가 가능한 시간에, 원하는 주제와 튜터를 선택해서 대화를 나눌 수 있다는 것이 무엇보다도 이 코로나 집콕 시대에 적합했다.

'영어도 취미인가' 하려나? 솔직하게 말하자면, 어떻게 접근하느냐에 달려 있다. 한 수업에 20분 정도 되는데, 좋아하는 것에 대해 말하다 보면 연장을 해서 60분을 꽉 채우곤 했다. 제일 기억에 남는 수업은 아일랜드에 사는 분이었다. 우리의 대화 주제는 음식이었다. 김민철 작가님의《모든 요일의 여행》을 읽으면 제일 부러웠던 곳이 아일랜드였다.

아일랜드에 기네스 공장이 있는데, 아일랜드에서 특히 기네스 공장에 가까울수록 더 맛있다고 한다. 기네스에 이끌려 김민철 작가님은 아일랜드로 신혼여행을 가셨다고 했다. 아일랜드는 내게 기네스다. 아일랜드에 사는 그 튜터가 부러울 수밖에…. 언젠가 코로나가 지나가거나 여행이 가능해지면, 아일랜드에 꼭 가 보고 싶다. 아일랜드에 오면 연락하라고 했는데… 연락처가 없는 것은 큰 함정이고 구멍이다. (튜*링을 다시 구독하고, 그 튜터를 찾아봐야 하려나? 하는 즐거운 상상을 한다.)

　전 세계에 사는 친근한 영어 튜터들과 친구가 될 수 있는 것이 참 매력적이다. 영어도 취미가 된다.

　또 한 분은 미국에 사는 분이셨는데, 한국 문화를 잘 알고, 한국 이름도 잘 발음 하시길래 물어보니, 부모님이 한국인이다. 영어 초보에게는 이렇게 한국어도 잘 아시고, 영어도 잘하는 분을 만나면 마음이 편해진다. 한 시간 정도 수다 떨 듯이 영어 수업을 하고 나면, 내가 수업을 들은 것인지, 친구랑 통화한 건지 헷갈릴 정도다. 시간 차이가 있을 텐데, 여유가 있는 시간에 튜터를 한다고 했다. 가까운 곳에 살지 않아도 잠시 친구가 될 수 있다. 게다가 예약을 해서 한 튜터에게 수업을 받으면 상당히 오랫동안 호흡을 맞출 수 있다. 너무 익숙해져도 안 좋겠지만, 자신을 잘 알아주는 사람에게 영어를 배우는 것도 굉장히 즐겁다.

　온라인 튜터도 좋은 방법인데, 줌을 통한 실시간 영어 모임이 활성

화되고 있다. 해외에 사는 원어민과 영어로 대화하는 모임, 영어 원서로 독서모임을 하기도 하고, 1:1 또는 그룹으로 영어 선생님과 수업을 하기도 한다. 점점 온라인의 세계는 인간 대 인간의 연결이 이루어지고 있다. 퇴근도 온라인으로 하는 온라인 자기계발러, 온라인 독서가, 온라인 유목민이 24시간 연결을 만들고 있다.

오프라인 학원에서 누리는 것을 조금 더 개인적인 공간에서 인터넷만 연결되어 있으면 만날 수 있는 시대다. 영어도 중국어도 이제 경계가 사라지고 있다. 조금만 관심을 두고 들여다보고 한 발씩 들여 놓으면 코로나라 해도 우리 발을 묶지 못한다. 문제는 선택이고 시도다. 문은 열려 있고, 들어서는 것은 선택이다.

언택트? 온라인 취미생활

2020년 말 한국은 거리 두기 2.5단계가 시행되고 있었다. 2021년 여름은 4단계가 시행되는 등 학교는 온라인과 등교를 번갈아 하며, 모임은 인원수 제한이 오르락내리락하고 있다. 경계를 조금 낮추다가 다시 심각한 수준이 되기도 하니 여전히 대한민국은 비대면이 기본 프로토콜이다.

사실상 학원에 다니거나 모임을 한다는 것이 제한되었다. 사회적 동물인 사람은 혼자서는 좀체 못 산다. 전화로는 부족하고, 직접 만나서 맛난 것을 먹으며 시간을 나누어야 제맛이다. 그걸 못 한다는 것이 얼마나 슬프고 답답할까?

취미생활도 집으로 들어왔다. 모임도 집으로 들어왔다. 사람은 참 적응을 잘한다. 그런데 이 재미있는 온라인 생활을 잘 모르는 사람이 매우 많다. 한 번이 어렵고 어색하지, 두 번 세 번 하다 보면, 특유의 재미를 느낄 것이다. 바로 온라인 모임! 과연 우리나라에서 하루에 줌을 통한 온라인 모임이 얼마나 있을까? 10대 20대가 자연스럽게 발을 들이고 생활화되고 있는 메타버스 역시 빠른 속도로 어른이들에게 스며들 태세다.

집에 있으면서 온라인 수업을 찾아서 듣고 있다. 하나의 강의를 위해 블로그에 들어가서 오픈채팅방 주소로 들어가고 나면, 유무료 강의가 꼬리에 꼬리를 문다. 내 저녁 시간은 강의 빙자 온라인 모임에 예약되어 있다. 몇몇 강의를 듣다 보면 다른 강의에서도 마주친 익숙한 얼굴들이 보인다. 호기심과 열정으로 똘똘 뭉친 분들이다. 오프라인 모임이었다면, "어머 여기서 또 뵙네요" 하면서 수다 삼매경이 될 법도 하다. 눈으로 인사하며 반가워하고, 서로의 블로그 후기글 링크를 통해 방문하여 이야기를 이어간다. 그러다 진짜 친한 블로그 이웃이 되기도 한다. 관심사가 비슷하여 같은 강의를 들었기에 공통분모가 있다.

어느 날 강의를 들으면서 메모하다가, Q&A 시간을 틈타서 강사와 참석자들의 얼굴을 그렸다. 그 모습에 호기심을 느낀 사회자님이 질문하셨다. "시선이 계속 아래로 내려갔다 올라왔다 하시던데요, 무얼 하고 계셨는지 궁금합니다." 하면서 내 화면에 비친 나를 관찰한 것을 이야기해 주셨다. 아차 했다. 이런 결례가 있을까? 그래서 커밍아웃했다. 아이패드 화면을 보여 드리면서 강사님 캐리커처를 그리고 있었다고 고백과 함께 사과드렸다. 수업태도 빵점이지 않은가? 그런데 방에 계신 분들이 굉장히 재미있어했다.

거기다가 강사님은 자기랑 똑같이 그렸다면서 너무나 좋아했다. 에구 민망하여라! 그리하여 시작된 캐리커처 릴레이. 정말 이런 황당한 시작이 또 있을까? 수업 후기를 블로그에 올리면서, 수업 시간에 그린 강사님 얼굴을 활용하여 1페이지 수업 노트를 만들었다. 배운 내용은 텍스트로 열심히 썼다. 아마도 평소의 수업 후기보다 더 정성스레 작성했을 것이다.

블로그에 후기를 쓰면서, 댓글에 캐리커처를 요청하시면, 그려드리겠다고 했다. 강사님이 사진을 드릴 테니, 캐리커처 그려달라고 하셨다. 수강생 중 두 분께서 캐리커처를 신청해주셨다. 일단, 지르긴 했는데, 아차 했다. 내가 캐리커처를 정식으로 배워 본 적도 없고, 인물 그림에 능하지도 않다는 것! 수업 시간에 그린 것은 낙서다. 일을 저질렀으니 다음날, 과감하게! 유튜브를 찾아봤다. '캐리커처 그리는 법'이라 검색해보니, 멋진 캐리커처를 여유롭게 그리는 걸 보여주시면서 캐리커처 그리는 법을 친절하게 알려 주시는 분들이 많았다! 유튜브 썸네일 이미지만 보아도 캐리커처 스타일이 다양하다. 누군가의 스타일을 따라할 수도 있지만, 내 스타일을 갖고 싶었다. 욕심은 욕심일 뿐! 많이 그려 보는 수밖에 없다. 우연히 사고 치고, 호언장담한 것이 내 캐리커처의 시작이 되었다.

그날 이후로 매일 사람을 그리고 있다. 작심삼일 본능이 발동했다. 새로운 일상이 된 랜선 아침 독서모임 '감디독(감정을 디자인하는 독서모임)'에서 감정 표현 놀이를 하고, 독서 나눔을 하며 그림을 그린다. 매일 보는 분도 있고 가끔 보는 분도 있다. 매일 새로운 얼굴이다. 매일 조금

씩 다르게 그린다. 여전히 표현이 어려워도 비슷한 어려움을 느끼면서
도 그린다. 어떤 날은 감정이 실린다. 표정이 실린다. 어떤 날은 영 모
양이 안 나온다. 매일 반복하니까 손에 익는가 싶다가도 늘 어렵다.

삐뚤빼뚤 누군지 모를 그림을 그리느라 매일 아침 분주하다. 특히
내 얼굴은 사심이 들어가서 그릴 수가 없다. 그래서인지 내 얼굴은 빼
놓게 된다. 안경을 쓰신 분들을 제외하곤 거의 비슷하다. 그래도 즐거
워하신다. 지금까지 이런 사람을 본 적이 없으셨나 보다. 나도 이런 적
이 없으니, 특이한 경험일 테다. 내 그림을 보면 따뜻함이 느껴진다고
칭찬을 해 주시니 매일 용기를 낸다. 행여나 얼굴을 망쳤다고 맘 상하
시는 분이 계시면 어쩌나… 초상권을 침해했다고 하실 분은 없을까…
(아마도 식별이 안 되니까 그럴 일이 없지 않을까?) 별의별 생각을 하면서도 매

일 조금이라도 그리려고 한다.

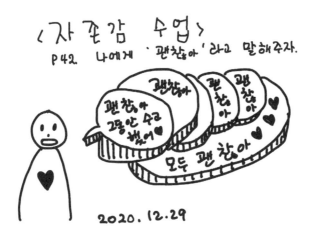

《자존감수업》 독서 기록

　매일 그린다고 그림이 느는 것은 아닌가 보다. 어떤 날은 젊게 그렸다고 좋아하시는 날도 있다. 핸드폰으로 사진 찍을 때도 필터 없이는 절대 안 찍는 시대다. 내 그림에도 필터가 있기를 바란다. 이쁘고 멋진 모습만 담아내기를 바라는 마음이다. 셀카를 찍듯 나 자신을 그리는 것이 편안해지려면 내가 나를 솔직하게 바라보아야겠지. 안 보여주고 싶은 모습은 생략하고 최선의 모습을 바란다. 사진을 찍어도 포토샵으로 강조할 부분 강조하고 가릴 부분 가리다 보면 거울 속 내 모습은 온데간데없다. 내가 아니라 다른 사람이 서 있기를 바란다. 내가 더 멋지면 좋겠지만 다른 사람으로 꾸며지는 건 바라지 않는다.

　매일 사람들을 그려서 공유했더니 배우고 싶어하시는 분들이 생겨났다. 독서나눔시간에 그림 그리고 싶은 사람들을 위해 감정 드로잉 특강을 마련했다. '누구나 그림을 그릴 수 있다'에서 시작한 수업이다. 누구나 천재로 태어나 둔재가 된다. 자라면서 자신감을 잃는다. 조금만 건드려 줘도 내 안의 드로잉 천재성이 나온다. 조금씩 표현력이 다르고 속도가 다를 뿐이다. 내가 천재라고 말하는 건 아니다. 나도 많이 잃어버린 사람 중 하나다. 단지 그림 그리는 걸 좋아하는 사람이다.

강의를 듣고, 독서모임을 하면서 그림과 글을 지속하여 나누었다. 글과 그림은 소통의 창구가 되었다.

그림 그리는 내 모습이 보인다. 사람들에게 다가가고 싶은 내가 보인다. 다른 사람의 모습을 관찰하고, 말을 귀담아듣는 것이 좋다. 귀담아듣고 손으로 기억하고 마음에 새기려 한다.

'나는 드로잉으로 대화를 하고 싶었구나!'

'나는 사람들을 좋아하는구나.'

스케치를 글과 그림으로 한다는 것이 내 특징이 되고, 개성이 되고, 나를 정의하게 되었다. 내가 좋아하는 것을 한다는 것이야말로 나를 찾는 길이다.

내가 스스로 지은 별명이 '강의 그리는 라미작가'이다. 유독 작가라는 말을 좋아한다. 몇 년 전 참여한 그림에세이 모임에서 서로를 부르던 호칭이 작가다. 그 이름이 좋았다. 지난해 10월, 블로그와 카페에서 사용하기 시작한 라미작가라는 닉네임이 친근하고 좋다. 온라인 줌 강의를 들을 때마다 거의 빠지지 않고, 강의 그리는 라미작가라는 타이틀로 후기를 쓰고, 강사님들과 수강생들과 소통하게 되었다. 관심을 받고 인정받는 것에 재미가 붙었다. 강의하신 분에 대한 최소한의 답례가 후기다. 강의를 들으며 강사님을 그린다. 강의 노트도 써야 해서 한 번에 그리기 힘들다. 그러면 그리던 얼굴을 복사해서 노트 페이지 넘어갈 때마다 붙여넣고 계속 그린다. 핵심 내용이 나오면 형광펜 브러시로 하이라이트도 한다.

내가 강의 후기 그림을 작성하는 노하우는 필기한 것을 바로 정리하는 것이다. 많은 분들이 궁금해한다. 어떻게 강의 끝나고 바로 후기를 올리는지 놀라워하신다. 사실 시간이 좀 걸린다. 30분에서 1시간은 정성을 들여 정리한다. 가능하면, 그날 마무리한다. 강의가 끝나고 바로 후기를 구성하면, 복습하는 효과까지 있다. 시간이 지난 후, 내 후기 그림을 보면, 다시 떠올리기 수월하다.

강사님이 하신 말씀 중 어떤 내용이 인상적이었나? 줄을 치고, 하이라이트 한 부분은 어떤 것인지 찾아본다. 하이라이트는 내 것으로 만들어야 할 것과 실천해 볼 것들이다. 하이라이트 된 내용 중심으로, 한 페이지에 모은다. 강사님의 모습과 강의 내용을 한 페이지에 붙인다. 아이패드에 그림으로 그리고 필기하기 때문에 가능하다. 강의 후기를 블로그에 올리고 함께 강의 들었던 분들에게 공유한다. 온라인 줌 강의는 대체로 오픈채팅방과 블로그 공지 글을 중심으로 열린다. 공감대를 가진 사람들에게만 링크를 공유한다. 시시콜콜 별의별 것을 적어둔다. 꼼꼼히 적었다며 칭찬도 받는다. 내 후기에 강사님이 방문하셔서 좋아하시면 더욱더 뿌듯하다. 강의를 듣는 것은 배우는 것이고,

강의를 그리는 것도 취미이다.

　DID의 저자 송수용 작가님 강의를 들으며 웃고 공감했다. 꼭 만나보고 싶은 분 중 한 분이셨다. 자신에게 문제란 바로 콘텐츠라고 하셨다. 깊이 공감했다. 어려운 시련이 있을 때마다 책을 읽고 강의를 듣고 해결책을 찾아간다. 그 과정을 책으로 쓴다. 출간 후 저자 강연으로 나눈다. 이렇게 문제가 생길 때마다 정답이 아니라 해답을 찾으려 한다. 이 삶의 자세가 내게 크게 다가왔다.

〈그림으로 강의 후기 쓰기〉

190

자신의 추도사를 써 보라는 말을 했을 때는 한 발자국 물러섰다. 생각하고 싶지 않았다. 어떤 사람으로 기억되고 싶은가를 생각해 보라고 했다. 의미를 듣고 나니 마음이 차분해지고 가슴이 뜨거워졌다. 나는 어떤 사람이 되고 싶은가, 나는 어떻게 살고 싶은가를 생각하게 되

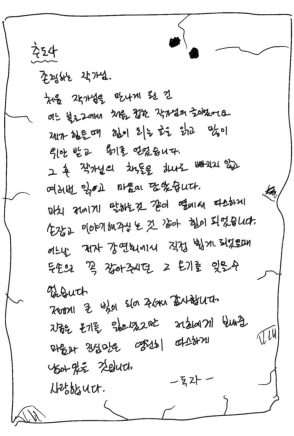

〈강의 활동, 추도사 쓰기〉

었다. 힘들 때 힘이 되고, 손을 꼭 잡아주는 온기 있는 사람으로 기억되고 싶다.

자고로 온라인 강의 전성시대다. 아직 만날 분이 많다. 기회를 보고 있다.

재능 기부하시는 강의가 여러 면에서 알차다. 강의의 질이 낮아서 무료가 아니다. 강사에게는 재능 기부 강의를 함으로써 사람이 생긴다. 팬이 생긴다. 찐 팬이 되고 고객이 되는 시작점이기도 하다. 제품이나 서비스를 판매하는 것이 아니라 정보와 지식을 나눈다. 가르쳐 주는 자와 배우려는 관계가 된다. 코로나가 사람들을 집으로 들여보냈다. 오프라인에서 좋은 콘텐츠를 따라다니던 사람들뿐만 아니라 디지털 유목민이 된 집콕러, 직장 배움러들은 온라인에서 배움을 갈구한다.

코로나가 더욱 다양한 온라인 세상을 만들어냈다. 실시간으로 어디서나 배울 수 있는 학구열을 가속했다. 내가 온라인 강의를 통해 스케치하며 듣는 강의들은 이 시대를 대표하는 위드 코로나 생활의 한 단면이다.

온라인 언택트 취미는 집에서 혼자 하는 것도 있지만, 이렇게 소통하고 나누며 할 수 있다. 거기에 이야기가 쌓이고, 웃음이 쌓이고, 나눔도 커진다. 손으로, 눈으로, 입으로, 마음으로, 감정으로, 책으로 언택트가 인간적인 공간이 된다. 아무리 비대면이 대세라고 해도 인간적인 감성이 없다면 숨이 턱 막힐 것이다. 어떤 상황에 있더라도 내가

할 수 있는 것을 찾아보고, 실제로 체험해 보고 내 길을 찾아가는 것
이 나를 지키는 것이다.

지하철, 버스, 자가용도 취미 공간!

　이동하는 시간은 아깝다. 무엇인가를 하러 가는 이동 시간. 그 틈새 시간 어떻게 활용하는가? 무심코 핸드폰에만 빠져 있지는 않은가? 보통 그렇다. 나는 대중교통을 이용한다. 인생의 대부분을 대중교통으로 움직였다. 지하철을 타면 많이 흔들리지 않는 안정감 덕분에 책 읽기에 좋다. 읽지 않더라도 책 한 권은 손에 들고 다닌다. 갈아타야 할 때에는 너무 빠져들지 않도록 조심한다. 영화나 드라마를 다운로드 받거나, 무제한 데이터로 감상을 하 며 이동하는 사람이 많다. 이동하는 시간을 알차게 쓰려 한다.

　이어폰을 끼고 옆에 사람에게 들릴 정도로 음악을 듣는 사람들 표정은 다른 세상에 있는 것 같다. 콘서트장에 있거나 뮤직비디오 속에 빠져든 느낌이다. 메타버스 세계에 있는지도 모르겠다.

　가끔은 아무런 도구 없이 상상의 나래를 펼치는 시간을 보내기도 한다. 사람들을 관찰하기도 한다. 너무 빤히 보면 안 되겠지만, 사람들은 무얼 하며 이동하는지 호기심을 갖고 둘러본다. 다양한 사람들이 타고 다니기에 하는 것도 다양하다. 책 보는 사람이 있으면 시선이 간다. 글이 보인다. 감질나게 몇 페이지 어깨너머로 보고 덥석 책을 주문하기도 한다. 훔쳐보는 것 같아 불편하지만, 사람이 많이 탄 지하철에서 움직이지 못할 정도로 다닥다닥 붙어 있을 땐, 오히려 시선이 책으로 가는 게 편할 때가 있다. 핸드폰으로 게임하고 영상 보고, 인강(인터넷 강의)를 본다. 사람들은 의식하든 의식하지 않든 끊임없이 무언가를 하고 있다.

하루의 무게를 안고 졸음의 세계에 빠진다. 한참 자고 일어나면 개운한 것 같으면서도 찌뿌둥하다. 균형을 잡아가며 기술적으로 자야 해서일 것이다. 그래서인지 잠에 빠지는 것보다는 맨정신으로 있을 때가 덜 피곤하다. 그 안에서 내가 좋아하는 콘텐츠를 소비하고 명상에 빠지고, 움직이면서 자기 시간을 온전히 가질 수 있다.

동행이 있을 때는 이야기가 달라진다. 같은 방향으로 가는 잠깐 사이 많은 이야기를 한다. 그렇게 몇 번 동선이 겹치고 이야기를 하다 보면, 왠지 친밀감이 느껴진다. 특별히 어색하거나 싫어하는 사이가 아니라면 가벼이 사는 이야기를 한다. 퇴근 후에는 뭘 하는지, 요즘 뭐 하고 지내는지 같은 이야기를 하며 일상이 연결된다.

대중교통이 아니라 차로 움직이는 경우는 철저히 혼자의 시간이다. 나는 운전을 할 줄은 알지만, 장롱 면허를 넘어 붙박이 벽장 면허다. 그래서 자가용을 타고 다니면서 운전 이외의 것을 한다는 것은 상상하기 힘들다. 늘 초보운전이라 운전에 집중한다. 차의 속도를 느껴보기도 하고, 전후좌우로 신경이 곤두선다. 운전이 편안한 사람들은 차에서 많은 것을 한다.

혼잣말하거나 노래를 크게 부른다. 차 안에서만큼은 외부에서 잘 들리지 않고 혼자만의 공간이니 고래고래 소리를 지르며 노래하는 사람이 있다. 대체로는 그냥 운전만 하겠지만 말이다. 나와 같이 일했던 상사는 매일 차에서 듣는 팟 캐스트 방송 이야기를 한다. 출퇴근 시간은 거의 비슷한 시간에 하기에 교통방송이나 영어 방송 등을 듣는다. 무심코 하는 것이겠지만, 자신이 좋아하는 프로그램을 듣고, 곡을 선곡하여 듣고, 라디오 방송을 듣고, 책을 듣는다.

특히 직업 특성상 장거리 운전을 해야 하는 경우, 운전하는 시간을 잘 활용하는 법 하나씩은 갖고 있다. 필라델피아(Philadelphia)에서 워싱턴디시(Washington, D.C)까지 고객 미팅을 하기 위해 운전해서 가는 동생과 가끔 이야기를 나눈다. 직업상 운전을 많이 하는데 그 시간에 오디오북을 듣는다. 《미움받을 용기》를 두세 번은 들었다고 하며 추천해 줬다. 옛날에는 책을 읽기보다는 이야기를 듣는 것이 자연스러운 것이었다고 한다. 《미움받을 용기》처럼 대화체로 된 책은 책으로 읽는 것보다 듣는 것이 더 잘 어울린다. 운전할 때도 좋겠고, 대중교통을 이용할 때도 오디오북은 부담 없이 즐겁게 들을 수 있어 자주 애용하게 될 것 같다.

핸드폰을 보면서 이리저리 서핑하기보다는 눈은 세상을 보고, 귀로는 책의 세계에 빠져 보는 것도 짧은 여행법이지 않을까? 책을 듣다가 딴생각을 하면 어떤가? 책은 다른 세계로 이어지는 통로인걸. 작가의 이야기를 듣다가 잠시 다른 길로 빠졌다가 그 자리로 돌아가면 되겠지. 재미있는 이야기 해 주는 친구가 함께 다니는 것 같다. 친구랑은 계속 같이 다닐 수 없으니 이야기 친구 하나쯤은 대기시켜 두자.

어학이나 공부를 오가며 하는 사람들도 꽤 있다. 참 존경스럽다. 나도 가끔 온라인 클라스를 보기는 한다. 집중해서 배우는 것이 이동 거리가 짧으면 불편하겠지만, 30분 이상 가는 경우는 해 볼 만하다.

시간이 없어서는 핑계였어!

　일을 과하게 하면서 일과 삶을 분리하지 못하는 것이 사회적인 문제가 되었다. 일하는 사람이 건강할 수 있도록 워라벨(일과 삶의 균형)이라는 개념이 등장했다. 주 52시간 이상 일하지 않도록 하는 제도는 무얼 이야기하는가? 일하는 시간이 삶의 대부분을 차지한다. 일 외의 삶이 없는 사람이 늘어났다는 것이다. 사람이 일만 할 수 있나? 회사-집-회사-집 하는 생활을 하면서도 질 좋은 휴식 시간을 갖고 싶다. 나를 위한 활동을 하고 싶다. 가족과 함께하는 시간을 갖고 싶다. 같은 공간에 있으나, 그곳에 존재하지 않고, 온통 일만 생각하는 경우도 종종 있다. 퇴근하면서도 일 걱정이다. 리포트는 어떻게 작성할지, 발표할 때 어떤 말을 할지 끊임없이 생각한다. 무엇이 사람을 그렇게 만들었는가? 씁쓸하다.

　공부하는 삶, 일하는 삶을 우선으로 여기도록 교육받은 세월을 생각해 보라. 나는 아쉽게도 초중고등학교 때 수업 시간에 하는 공부들을 내 삶과 연결짓지 못했었다. 음악, 미술, 체육, 국어, 사회, 영어, 가정, 기술, 역사, 지리, 생물, 과학 등의 과목들은 그저 학교 과목일 뿐이었다. 시험을 위한, 대입을 위한 대상이었다. 배우는 것을 내가 살아가면서 어떻게 내 삶에 연결할 수 있는지, 어떤 것을 깨닫고, 무엇을 어떻게 적용할지를 배우고 익혔다면 어떨까? 일과 삶을 연결하기도 하고, 분리하기도 하고, 나를 위하는 시간을 의식적으로라도 하게 했다면 어떨까?

지금부터라도 나를 위한 시간을 의식적으로 확보해야 한다. 미라클 모닝, 습관 만들기 챌린지를 하는 것도 그 시간을 분리하고 확보하기 위한 것이다. 의식적으로라도 긴장을 풀고 제대로 쉬겠다고 매일 약속하자. 일하는 시간 때문에, 출퇴근 시간이 길기 때문에, 육아해야 해서, 아이들 잠들기 전에는 내 시간이 없기 때문에 포기하는 시간이 얼마나 많을까?

도저히 시간이 없어서 배우고 싶은 것이 있어도 지속하지 못한다고 투덜거릴 수 있다. 언제 퇴근할지 모르고, 언제 회식이 있을지 모르고, 언제 급한 일이 생길지 모르기에 내 시간을 확보할 수 없다고 말한다. 해 보고 싶다면서도, 언제 생길지도 예측하기 어려운 변수들 때문에 쉽게 포기해 버린다. 어쩌면 언제 일어날지 모르는 변수라는 핑계를 방패 삼아 실천할 시간을 선택하지 못하는 것이 아닐까?

어찌 사람이 계획대로만 사는가? 운동하려고 헬스장에 등록하고 시간이 안 나서 못 가는 것을 수없이 반복했다. 해야 하니까 하는 것이어서 그러리라. 할 수밖에 없는 상황을 만들고, 재미있을 수밖에 없는 상황을 만들어서 하다 보면 시간은 내 편이 된다. 작심삼일도 좋다.

매일 할 일 리스트를 만들어 체크하기와 같이 나만의 루틴을 만들어서 해 보면 깨닫는다. 내가 좋아하는 것, 내가 즐기는 것을 시간이 없어서 못 한다는 것은 핑계다.

내 편으로 만들어야 한다. 진정으로 하고자 하면 어떻게든 하게 된다. 하늘에게 우천을 기도하는 기우제는 반드시 성공한다. 비가 올 때까지 하기 때문이다. 될 때까지 해 보는 거다. 시간이 없다고 현재 내가 즐겁게 사는 것을 미루지 말자. 하고 싶다면 계속해 보자. 성공한다. 왜냐하면, 성공할 때까지 할 거니까!

첫째 아이가 말을 배울 때였다. 할머니에게 매일 아침에 질문했다.

"할머니, 지금이 내일이야?"

"아니, 하룻밤 자고 오는 것이 내일이야."

아이는 하룻밤을 자고 일어나서 다시 쪼르륵 달려가 또 묻는다.

"할머니, 하룻밤 잤으니까 내일이야?"

"하룻밤 자고 해가 뜨면 내일이지. 그런데 내일은 지금 기준으로 생각해서 잠을 자고 일어나야 오는 시간이야."

도저히 내일을 아이가 이해할 수 있게 설명하기가 어려웠다고 하신다. 며칠을 그렇게 내일을 이해하려고 하는 아이에게 몸으로 경험할 방법이 과연 있었을까? 과연 내일이라는 것을 어떻게 이해하도록 할까? 반복되는 의문과 풀리지 않는 내일이라는 개념을 아이는 언제 이해하게 된 것이었을까?

내일은 늘 저만치에 있고, 잡으려고 해도 잡히지 않는다.

내일 행복하기 위해 지금 좋아하는 것, 즐거운 것, 나다운 것을 포기하고 있지는 않았을까? 오늘, 지금이 쌓이고 쌓여 내일까지 가는 것이지만, 지금의 연속이다. 지금 행복하지 않고 미루다 보면, 내일이라는 시간을 직접 만나지 못하게 된다. 내 것이 되지 못한다. 내일부터 한다는 말처럼 공허한 말도 없다. 한 번쯤은 겪어 봤을 것이다. 수없이 겪어 봤다. 지금! 바로! 실행하는 것이 나를 깨어 있게 하고, 나다울 수 있는 길이다. 최고로 게으른 것이(내일 하게 되면 영영 못 할 것 같아서) 지금 바로 하는 것이다. 지금 하지 않아서 불편하고 후회할 것이 두려워 바로 하는 것이 최고의 게으름이며, 현명한 게으름이다.

시간을 내 편으로 만들자. 똑바로 바라보자.

제 **7** 장

취미를
발전시키고
활용하는
N가지 방법

첫 번째 : 버킷리스트를 만든다

즐겁고 행복하기 위한 버킷리스트를 만들어 보자.

난 최근까지도 버킷리스트를 만들어 본 적이 없다고 생각했다. 그러다가 10여 년 전에 쓴 버킷리스트를 온라인 서점 책 리뷰에서 건져 냈다. 제목이 버킷리스트가 아니었을 뿐, 딱 내가 하고 싶은 것을 써 놓았다. 그렇게 많이 변하지 않았다는 것에 한 번 더 놀랐다. 하고 싶은 것을 아직 안 한 것도 비슷하다. 물론 시도는 했다. 이 버킷리스트를 그냥 두면 세월이 흘러도 그 자리이다. 설레는 마음도 그대로일까? 연도별로 또는 5~6년에 한 번 버킷리스트를 업데이트해보면 어떨까? 블로그, 페이스북, 인스타그램 등 온라인 공간에 버킷리스트를 작성해 두자. (종이에 적어 두어도 좋으나, 몇 년 전 오늘 무엇을 올렸는지 알려 주는 기능으로 작성한 날 다시 자동으로 볼 기회가 생길 수도 있다.) 보물을 찾은 기분이다.

내가 쓴 글을 다시 읽을 때 그 속에서 낯선 나를 발견한다. 버킷리스트도 낯설어질 수 있다. 가끔이라도 바라보고 업데이트하다 보면 내가 좋아하는 것의 방향성을 찾을 것이라 확신한다.

하고 싶은 것, 하고 싶은 이유, 드디어 그것을 하게 되었을 때의 기분과 상황을 적어 두자. 특정한 형식은 필요 없겠지만, 이렇게 적어 두면 내가 왜 하고 싶었는지 기억해낼 수 있다.

<2009년의 나의 버킷리스트>

• 스페인어를 배우고 싶다. 스페인어의 그 음악 같은 매력을 배우고 싶다. 우선 뜻을 모르더라도 MP3 player로 들어 봐야겠다. 내 귀에서 음악이 된 그 언어를 만나 보자.

• 글을 잘 쓰고 싶다.

• 바이올린을 배우고 싶다. 이건 초등학교 때 생각했던 것인데, 바이올린은 너무 비쌀 것 같아 차마 부모님께 배우고 싶다고 못 했던 기억이 난다.

• 속기를 배우고 싶다. 영어와 한글 속기를 배우고 싶다.

• 글씨 예쁘게 쓰고 싶다.

<2020/2021의 나의 버킷리스트>

• 스페인어를 배우고 싶다. 음악같이 들려오는 스페인어가 아직도 매력적이다. 온라인으로 스페인어를 배워 보려고 클래스101에 수강 신청을 해서 조금씩 배우고 있다. 스페인에 여행 가는 것이 또 하나의 연결 버킷리스트였는데, 지금은 코로나 팬데믹으로 머나먼 이야기이다. 스페인어 드

라마를 한국어 자막 없이 이해하며 보고 싶다.

- **책을 계속 쓰고 싶다.** 내 이야기가 누군가에게 위안이 되고 도움이 되기를 바란다. 어릴 때부터 나는 막연하게 글을 쓰고 책을 쓰는 미래를 그렸다. 회사에 다니면서도 책 쓰는 것을 향한 동경을 가졌다. 작가님들 강연회나 세미나에서 친필 사인을 받으며 언젠가는 나도 책을 쓰겠다고 다짐했다. 글을 잘 쓰고 싶다가 2009년도의 버킷리스트에도 있었다. 한 사람의 독자에게만이라도 설렘과 웃음과 끄덕임을 주는 글을 쓰고 싶다.

- **해금을 제대로 배워서 가족음악회를 하고 싶다.** 바이올린을 배우고 싶었다가 해금으로 약간 변경했다. 실제로 온라인으로 해금을 배우고 있다. 오프라인으로 다시 배우고 싶다. 역시 악기는 처음에 연주법을 잘 배워야 한다. 해금은 특히 음을 잘 알아야 하는데, 독학하기에는 한계가 있다. 해금을 연주하는 나를 상상해 본다. 작은 음악회라도 하고 싶다. 가족들을 모시고 은은한 조명이 있는 작은 카페에서 작은 음악회를 하는 광경을 떠올려본다. 나는 해금을 연주하고, 딸은 거문고를, 아들은 드럼을 연주하고, 남편은 피아노와 드럼을 연주한다. 시아버님의 색소폰 연주도 기대가 된다.

- **칼림바 연주를 화음을 넣어가며 연주하고 싶다.** 최근에 친구가 오카리나를 가르치다가 칼림바로 바꿨다고 한다. 손톱을 이용해서 연주하는 작은 악기라 어디든 쉽게 갖고 다닐 수 있다. 오르골 소리처럼 청아한 음색을 가진 악기이다. 음악회에서 칼림바 연주를 다함께 해 보는 것도 아름

다울 것이다.

- **인물화를 잘 그리고 싶다.** 사실적인 느낌의 인물화를 그리고 싶다. 또한 특징을 잘 살리고 매력을 극대화한 캐리커처도 그리고 싶다. 그림은 버킷리스트에도 넣지 않았었나? 그래서 구체적인 그림을 버킷리스트에 넣었다.

- **매년 그림 전시회에 참가하여 그림 이야기를 하고 싶다.** 그림을 전시하고 사람들과 나누는 것이 즐겁다. 그림을 전시하면서 그림 이야기를 하고, 다른 이의 그림에 관해서도 이야기하는 시간이 좋다. 소중한 사람들을 초대해서 차 한 잔과 함께 나누겠다.

하고 싶은 것은 때때로 변하기 마련이다. 몇 년 전에 썼던 책 후기를 발견해서 읽다가 나를 발견하고 놀랐다. 책 후기에 버킷리스트가 있는 걸 보면, 여기저기에 적어 두는 것도 방법이겠다. 놀라운 것은 지금은 기억나지도 않는 그때도 나는 그림을 그리고 싶어했다. 책을 쓰고 싶어했다. 스페인어를 배우고 싶어했다. 계속 나에게 콕 박혀 있는 것들이 있다. 아무리 미루더라도 몇 년이 지난 후에도 하고 싶은 목록에 남아 있다면, 발견한 순간 해야 한다. 나란 사람이 참 한결같아서 감탄했다. 감정에도 핵심감정이 있듯이 하고 싶은 것에도 핵심 소망이 있는가 보다.

배우고 싶다. 배우며 익히는 순간이 즐겁다. 학생일 때, 학교 가는 것이나 학원에 가는 것은 고통인 줄 알았다. 어떤 것을 배우고 싶은지 어떻게 배우고 싶은지를 선택할 권한이 없었던 시절이라 그렇다고 생각한다. 암울하게만 여겼던 고등학교 시절 가졌던 것은 대학교에 가면 내가 하고 싶은 것을 할 것이라는 막연한 동경이었다. 빠진 것이 있었다면, 하고 싶은 것 리스트였다. 무엇을 좋아하는지, 무엇을 하고 싶은지에 대해 나와 대화를 나누지 못한 것이다.

만약 인생에서 언제로 돌아가 보고 싶은지 고르라면, 고등학교 시절이다. 대입이라는 것만 주어지고, 내가 어떻게 살고 싶은지, 어떤 것을 좋아하는지, 즐거워하는 것은 어떤 것인지 진지하게 나 자신에게 물어보고 싶다. 어쩌면 그때는 알고 있었을 수도 있다. 그리고 즐거운 것을 하기 위해 실천해야 하는 것을 생각해 보도록 하겠다.

내가 기억하는 고등학생 김라미는 목적 없이 학교생활에 충실했다. 그것이 후회된다. 적극적으로 찾아보라고 하고 싶다. 알맹이 없이 지식을 흡수하기만 하면 배우는 즐거움을 느끼기 힘들다. 나는 아직 목마르다. 배우면서 즐기는 거다.

어떤가? 버킷리스트 하면 더 거창해야 할 것 같지 않았는가? 내가 좋아하는 것, 내가 즐거운 것에 대해 생각해 보는 것이다. 과거와 현재와 미래의 나를 연결하는 것이 버킷리스트다.

두 번째 : 구체적인 목표를 설정한다

좋아하는 것도 발전시키고 체화하고자 할 때 목표를 설정하고 하면 성취감도 느끼고, 지치지 않고 멀리 갈 수 있다. 평생 함께할 내 일상이라면 제대로 빠져보자. 버킷리스트와 함께 만다라트를 작성해 보는 것도 괜찮겠다. 야구선수 오타니 쇼헤이가 만다라트로 성공한 것은 유명하다. 고등학교 올라가는 딸에게도 만다라트를 작성해 보라고 권하니, 이미 알고 있었다. 학교에서 수업 시간에 배웠다고 한다. 이루고자 하는 최종 목표와 아이디어를 적는다. 그리고 구체적인 실행 계획을 세우는 것이다. 실천하는 것이 핵심이다. 한눈에 어떤 것을 실천해야 목표에 다가갈 수 있는지를 볼 수 있다는 것이 좋다. 어떤 방법, 어떤 툴을 사용하는 핵심은 구체적인 목표 수립과 실행이다. 즐거운 일상도 구체화하면 좋다. 즐거운 일상을 구성하는 것을 생각해 보고, 해야 할 것 안 해야 할 것을 생각해 보는 것이 도움이 된다.

꿈을 이루는 도구 - 만다라트

1일 1드로잉	2D 툴 익히기 (포토샵/일러스트레이터)	영상, 애니메이션 툴 익히기 (애프터이펙트, 프리미어)	목차작성	브런치 도전	책 홍보	블로그 포스팅 (매일)	주요 키워드 리스트 만들기	인스타 시작
시각화 훈련	능력 계발	노션 익히고 활용하기	출간 주제 리스트업	책출간	1월 초고 완성	페이스북, 링크드인	SNS활동	유튜브
전문 분야 독서 (디자인, 시각화)	전시회, 세미나, 강의 수강	아이패드 활용법 탐색 및 익히기	메모 습관	4월 출판	2월 퇴고 완료	이웃 블로그 방문 (시간 정해서)	카톡 관리 (정기적으로 연락하기)	오픈채팅방 관리
아이들 사진 함께보고 이야기하기	아이들 글쓰기/책쓰기	독서 나눔 활동	능력 계발	책 출간	SNS활동	퍼스널브랜딩 확립	경쟁사 케이스 스터디	인맥관리
가족 구성원별 감사일기 (쓰기, 나누기, 피드백)	사랑하는 가족들	눈 마주치고, 웃고, 사랑한다 말하기	사랑하는 가족들	김라미	1인 기업 기틀마련	1인기업과정	1인기업 기틀마련	1인기업 대표들과 네트워킹
마음 담은 작은 선물 나누기	분기 가족여행	한명씩 데이트	재정독립	성장습관	홍보	마케팅공부	기업 운영 공부	포트폴리오 / 레퍼런스
예산 세워서 쓰기	매출 늘리기	매달 주식으로 적금	감사일기	매일 1시간 책 읽기	새벽 독서 모임 / 독서 나눔	E-Book 공부	OBF 활동	고객을 팬으로
자동차	재정독립	스마트 스토어 시스템 만들기	다이어리 잘쓰기	성장습관	일주일 세 번 걷기	인터뷰	홍보	시각화 습관 프로젝트
용돈 관리매달	가계부 정리, 통계	가계부 매일 쓰기	신문 읽기	매일 운동 루틴하기	건강한 식습관	작은 성장, 큰 성장 지속적 홍보	시각화 관련 강의	시각화 모임

즐거움 : 나는 그리기가 즐겁다.

목표 : 내가 보고 상상하는 세계를 표현할 수 있도록

방법 : 여러 툴 (툴1, 툴2, 툴3, …) 을 배우고 익히겠다.

내가 좋아하는 것을 하기 위해, 더욱더 알차게 배우고 즐기며 신나게 하는 원동력이 무엇일까?

바로 흥미를 느끼는 것을 적극적으로 찾아서 지속하는 것이다. 즐기고 지속하면서 내 것으로 만든다. 여러 툴을 배우고 싶다는 것은 아무래도 평생 계속될 것이다. 내 표현은 완성형이 아니다. 툴 역시 계속 발전하고 진화한다. 평생 배우고 익힐 것이다.

고등학교에서 사진에 관심이 있어서 사진부에 들어갔다. 내가 보고 느끼는 것을 담아내고 간직하고 싶었다. 내가 보고 느끼는 것을 담아내기에 사진 찍는 기술이나 장비가 부족했다. 하지만, 내가 현재 갖고 있는 범위 내에서 하는 것도 의미 있다. 사진기를 다루는 능력이 있다면 더 능숙하게 찍겠지만, 그보다도 사물을 보는 눈, 구도를 잡는 감각을 키우는 것은 가능했다. 찍는 그 순간 기대에 차서 찍어댔다. 결과는? 사진관에서 인화해야 나왔다. 지연된 결과는 낯설다. '내가 이런 걸 왜 찍었지?' 하는 의미없는 사진이 많았다. 사진을 접어야겠다고 생각했다. 그냥 많이 찍다 보면 하나는 건지겠지 하는 다작밖에 길이 없어 보였다.

친구들, 선생님들, 가족들, 마을, 산, 여행지를 찍었다. 인화된 사진을 보며 친구들과 나눴던 이야기들의 느낌(이야기는 기억이 나지 않는다), 선생님들의 느낌, 여행하며 맡았던 분위기들이 새록새록하다. 사진에 담았던 것은 내 느낌이었다. 완벽한 재현은 힘들 것이다. 나도 상황도 사람도 변한다. 단지 희미하더라도 그 순간의 느낌을 담아낸다면 성공이라고 생각한다. 세월이 흐른 후, 고등학교 시절 찍었던 친구들과의 사진은 충분하게 내 감정을 소환한다. 야간 자율학습 시간 저녁 공기 냄새에 휘감긴다. 그거면 됐다. 이제는 안다. 그 어떤 것도 지금의 소중함을 저장해낼 수 없다. 내 가슴 어딘가, 내 뇌 어딘가에 슉슉 담아둔다. 그래도 기억하고 느끼고 싶다면 찍어 두려고 한다. 기억을 불러오는 역할은 제대로 한다. 그게 어떤 것이든 전혀 다른 것일지라도 제 역할을 한다.

사진과 영상이 소화하지 못하는 부분을 그림으로 표현해 보고 싶었다. 당장에는 마음이 급해져서 온통 실망 덩어리다. 핸드폰으로 사진을 찍고 영상을 찍는 지금, 그 열망은 뚝딱 이루어진다. 사진, 영상, 그림은 상호보완적이다. 제대로 맘껏 표현하기 위해서는 배움이 절실하다. 같은 카메라로 찍는다고 작품이 되는 것이 아니라는 것을 느껴봤으리라.

똥손 또는 금손이라는 말이 있다. 누구의 손을 거치느냐에 따라 결과물이 천차만별이 된다. 기술이 그 간격을 좁혀가고 있으나, 여전히 사용하는 사람에 따라 달라지게 마련이다. 그러니 배우고 익혀야 하는 게 평생 끊어질 일이 없다. 배우는 것을 즐겨야지, 두려워하면 그냥 하던 대로만 한다. 그래도 상관이야 없다. 어차피 자기만족이다. 스마트폰도 카메라 성능에 따라 교체한다. 내가 갈망했던 것은 늘 내 손에 있는 카메라였으니까. 카메라를 몇 년에 한 번 업그레이드 하는 셈이다.

대학교에 들어가서 친구 따라 그림 그리는 동아리에 들어갔다. 말은 친구 따라지만, 내가 좋아하는 친구이기도 하고 내가 하고 싶은 욕구가 있었기에 따라간 것이었다. 이제 깨닫는다. 그림을 잘 그리고 싶었던 것은 나를 표현하고 싶어서였다. 파라핀 향이 좋았고, 그림을 그리는 사람들의 열정이 좋았다. 자기 자신을 표현해야 하는 사람들이 내 이야기를 대변해 주었다.

미술학원이라곤 중학교 1학년 때 한두 달 다녔고, 내 스케치 실력은 괴발개발이었다. 동아리는 그림을 가르쳐 주는 곳이 아니다. 잘 그리는 법을 배우고 싶었는데, 그런 면에선 한계가 있었다. 요즘같이 온라인으로 배울 수 있었으면 어땠을까? 오랫동안 미루다가 10여 년 전에 온라인으로 데생을 배웠다. 기록을 보니 3년마다 새로운 것을 배웠다. 온라인 데생, 비주얼씽킹, 그림 에세이 모임, 디지털 드로잉으로 이어진다.

내가 그리기를 몇 년 간격으로 배웠던 것을 소개했다. 여기에는 비밀이 숨어 있다. 내 안에 계속 남아 있는 욕구가 있다. '내가 보고 느끼는 것을 담아내고 싶다'라는 욕심이 나를 이끌었다. 그리기에 대해 조금씩 다른 시기에 다른 형태로 시도했다. 사진도 그림도 배움과 연습이 필요하다. 시간도 투자해야 하고 지속해서 해야 조금씩 실력이 는다. 목표를 이루기 위해 리셋을 하고, 배우고, 다시 리셋하는 것을 반복한다.

목표가 나를 이끌었다. 아직도 현재진행형인 내 목표는 나를 설레게 하고 움직이도록 하는 북극성이다.

세 번째 : 습관이 되게 한다

목표를 이루기 위해 내가 적용한 방법이 있다.

- 시간을 정해서 한다.
- 작심 3일을 반복한다.
- 작심 3년일지라도 계속 시도한다.
- 계속할 수 있는 장치를 한다.

이것을 작심삼일 프로젝트라고 부른다. 〈비주얼씽킹 30일 프로젝트〉를 시작했다.

2014년 10월 1일 30일 프로젝트에 도전했다. 9월 30일에 비주얼씽킹 교육을 받고 바로 다음 날이었다. 하루에 한 가지 이상 그리는 것이 도전과제였다. 단, 하루도 빠지지 않고 30일을 하는 거다. 3일째 되는 날 작심삼일을 기념했다. 자유 주제로 그리는 것이어서 매일 소재를 생각해내야 했다. 주변을 둘러보았다. 옷, 레고, 벨트, 책에 있는 그림, 의자, 좋아하는 프로그램 로고 등 다양하게 그렸다. 주변을 그리는 것이 편안해졌다.

〈작심삼일 프로젝트〉　　　　〈디지털 비쥬얼라이저 놀이터〉

그다음 30일 프로젝트는 비주얼씽킹 워크북에서 제시하는 것을 그
렸다. 비주얼씽킹 30일 프로젝트에는 30개의 주제를 제시한다. 워크
북이 제시하는 예제를 따라 그리고, 응용해 그린다. 2015년 4월에 시
작해서 30일간 비주얼씽킹에 도전했다. 따라 그리기는 쉬웠으나, 회
차를 더 해가면서 나에 대해서 시각화하고 추상적인 개념을 그리게
된다. 생각하고 그림으로 표현하려고 머리를 쥐어뜯었다. 고비가 왔
다. 지나온 작심삼일들과 남은 날들을 세어가며, 목표했던 것을 생각
하며 다시 일어나 그렸다. 그냥 생각날 때 해 봐야지 했다면, 아마 몇

215

년이 지나도 실행하지 못했을 것이다.

바로 실천하기, 실천할 수 있는 작고 구체적인 목표, 약해져도 실천할 수밖에 없도록 하는 장치가 도움이 된다.

사람 얼굴 그리기 작심삼일 프로젝트

〈독서모임 작심삼일 드로잉〉

사람 얼굴을 그리고 싶다는 생각은 아마도 중학교 때부터일 것이다. 유난히 얼굴을 기억하지 못하는 나는 사진으로 얼굴을 기록하고 싶었다. 그림으로 그리고 싶었지만, 그림을 잘 그리는 이들이 하는 것처럼 특징을 잡아서 그리기는 어려웠다. 동그라미는 얼굴 윤곽이요, 눈과 입은 타원, 코는 꼬부라진 선으로 그렸다. 전형적으로 고정관념에 사로잡힌 시선이었다.

지금도 크게 벗어난 것은 아니다. 조금씩 훈련을 하고 있을 뿐이다. 세월이 오래 걸렸다. 남의 눈에도 잘 그린 그림을 그려야 한다는 생각에서 조금씩 자유로워지고 싶다. 시간이 약이다. 오기만 부리다가 용감해졌다.

하루를 일찍 시작하고 싶어서 아침 독서모임에 참여하게 되었다. 원원시대 윤숙희 대표님이 운영하는 감디독(감정을 디자인하는 독서모임)에서 독서하고, 대화 나누는 시간에 얼굴 드로잉을 하며 드로잉 & 독서 작심삼일 프로젝트를 시작했다.

아침 6시에 시작하는 독서모임에서 비디오 켜고, 오디오 끄고 줌 화면 앞에서 책을 읽는다. 8시에 감정을 나누는 놀이와 책에서 읽은 것을 나눈다. 그 시간에 사람들을 관찰하여 얼굴을 그렸다. 첫 3일 연속으로 하고 나니, 그다음 3일에 조금 관성이 붙었다. 세 번째 작심삼일이 시작되었을 때는 몸에 조금 익어가는 것을 느꼈다. 3일씩만 마음을 다시 세우고 실천하니 성취하고 있다고 느꼈다. 작심삼일을 일곱 번 하면 습관이 되기 시작한다고 한다. 궤도에 오르고 있어서 뿌듯하다.

작심삼일 프로젝트의 또 다른 비결은 여러 사람에게 내가 하고 있다는 것을 알리는 것이다. 혼자가 아니라는 기분만 있어도 계속하는 맛이 있다. 3일씩 계속한다는 것이 기간에 대한 목표였다. 그게 다가 아니었다. 매일 함께 독서하고 감정 표현 놀이하는 사람들에게 선물하듯 그려 준다는 생각으로 하니까 나와의 약속이 사람들과의 약속으로 확장되었다. 해 주겠다는 약속을 한 것은 아니었다. 선물도 아니었다. 그저 내 마음이 움직이는 대로 메모하듯 그렸다.

그런데 내가 이렇게 계속하자 재미있는 현상이 나타났다. 배우고 싶다는 분들이 생겼다. 나 혼자 그리는 것뿐인데, 하고 싶다고 가르쳐 달라고 하신다. 특별할 것 없어도 매일 그리고 보여 주니 내 색깔이 생겼다. 이 또한 지속하는 장치 중 하나다. 내가 앞으로 나아가는 장치, 얼굴을 그리는 연습을 해서 발전하는 장치다. 어릴 때부터 그리고 싶었던 얼굴 그리기의 입문이랄까? 혼자 그리고 정리한 것을 습관화하고 나누었더니, 내 그림이 도움이 되는구나 하고 자기효능감이 생겼다. 자기효능감은 내가 누군가에게 필요한 존재라는 인식이다.

매일 독서하고, 나누고, 그리고, 다시 그 과정을 SNS에 나누는 것이 내 독서와 그림 그리기 장치다. 작심삼일 세 세트만 해도 몸에 익는다. 몸에 익으면 안 했을 때 허전하다. 주말에는 독서모임을 하지 않는데, 뭔가 빠진 기분이다. 사람 얼굴은 독서모임에서 감정 나눔이나 독서 나눔을 할 때 그린다. 강의를 들으면서 메모를 하고 그림을 그린다. 특히 Q&A 시간에 맘 편히 그린다. 강의를 메모하면서 강사님 얼굴을 조금씩 스케치한다. 나중에 노트를 볼 때, 강사님의 얼굴을 떠올리며 하시는 말씀을 떠올려보면 좀 더 잘 기억난다. 한 달 정도 그리고 난 후 내 눈썰미와 손 감각이 어떨지 상상해 보며 묵묵히 꾹꾹 눌러가며 그렸다.

작심삼일이 주는 선물이다.

네 번째 : 기록한다

내가 몇 년 전 일까지 예로 들 수 있었던 것은 바로 기록의 힘이다. 즐거운 일상도 지나가면 그저 그런 하루 중 하나가 된다. 다시 꺼내어 쓰려면 기록이 필요하다. 한 문장만 쓰더라도 내가 즐겁게 하는 것에 대한 기록이 모이도록 하자. 무심코 하는 행동, 무심코 뱉는 말 같아도 굉장한 것을 하고 있다. 단, 기록으로 남겨야 굉장해진다.

구슬이 서 말이라도 꿰어야 보배다.

기록해야 하는 이유로 참 적절하다. 나 자신을 찾는 이 여행에도 기록은 큰 힘이 된다. 좋은 방법이 이미 당신 손에 있다. 바로 스마트폰이다. 스마트폰에 있는 캘린더나 메모장에 한 글자 정도 적어둔다. 골프 연습 30분, 드로잉 1개, 홈트 완료, 내가 한 활동에 이름을 붙이면 된다. 시간, 완료, 느낌, 사진 등을 기록한다. 나의 행적이 담긴 기록을 시간이 지난 후 모아서 보게 되면 뿌듯하다. 내가 작심삼일 프로젝트 기록들을 발굴했듯이 말이다. 드로잉 작심삼일 기록을 통해 6년이 지난 지금 자료로 사용하고 있다. 6년 전에는 알았을까? 알고 계획대로 진행되는 일이 있는가 하면, 즐겁게 계속하다가 진지해지는 일이 있다.

사진 찍는 것도 꽤 게으르지만 부지런한 일이다. 순간을 확실하게 기록할 수 있다. 주의할 것은 사진만 찍어서는 기록의 의미가 덜하다. 사진에도 이름을 붙이고 메모를 해야 의미가 생긴다.

"내가 당신의 이름을 불러주었을 때 내게로 와 꽃이 되었다."

〈꽃, _김춘수〉

일상에도 취미에도 이름을 붙이고 기록을 해야 남는다. 남기기 싫다고 평계를 댈 수 있다. 사진을 찍고 사진에 메모를 남기는 방법에는 수만 가지 방법이 있다. 분명 더 좋은 방법이 있을 것이다. 개인별로 편한 방식이 있다. 나는 종류별로 모아둔다.

첫 번째, 구글포토를 활용한다. 구글포토에 폴더(앨범)를 만든다. 테마별로, 이벤트별로, 장소별로 폴더를 만들고 사진을 모은다. 구글포토의 사진에는 정보를 입력하고, 메모를 할 수 있는 기능이 있다. 앨범에 추가하고, 메모나 댓글을 추가한다. 공유받은 사진의 경우, 간혹 날짜가 다운로드한 때로 기록되어 있을 수도 있다. 그럴 땐, 사진정보로 가서 시간을 변경한다.

두 번째, 핸드폰에 있는 메모 앱을 활용한다. 에버노트, 노션, 메모장, 스마트 펜용 어플리케이션 등에 메모를 함께 해 두면 좋다. 에버노트에 사진과 함께 일기 쓰듯 일시와 글을 써 놓으면 검색하기가 좋다. 이것을 블로그나 SNS에 활용하기도 한다.

세 번째, 블로그에 모아둔다. 개인적인 기록이라 공개하기 꺼려진 다면, 비공개로 해 두면 된다. 글감으로서 사진은 훌륭한 소스다. 사진 찍고 바로 블로그 글쓰기로 가서 사진을 업로드하고, 저장하기를 한 다. 글은 대충 어떤 사진인지 간략하게 메모해 둔다. 그다음 블로그 작 성할 시간에 저장해 둔 글로 가서 작성한다. 내 블로그 저장함에는 대 략 12개의 저장 글이 있다. 언젠가는 쓰겠다고 저장해 둔 글, 그림, 영 상이 안전하게 저장되어 있다. 특별하게 기억하고 싶은 사진이라면 블로그에 글과 함께 저장하기를 추천한다. 공개하든 비공개로 하든, 기록해 두고 다시 찾아보기 좋은 개인 기록장으로 활용해보자. 블로 그가 어렵게 느껴질 수도 있다. 편집기가 잘 되어 있어서 글을 쓰고, 사진을 간편하게 편집할 수도 있다. 게다가 폴더로 구분해서 주제별 로 취미별로 모아둘 수 있다. 공개용의 경우, 비슷한 취미를 가진 사람 들과 소통하면서 생각과 감정을 나눌 수 있다. 지지하는 느낌이 들어 이 또한 추천한다.

네 번째, 아날로그적인 기록을 즐기는 사람이라면, 노트에 주기적 으로 기록하자. 포스트잇에 적어도 좋다. 포스트잇을 다이어리에 붙 여 보자. 또는 아예 다이어리에 고정석을 마련해 주자. 감사일기를 쓰듯 즐거운 활동들에 대한 기록을 남겨 보자. 꼭 즐거워야 적는 것은 아닐 것이다. 어떤 날은 정말 하기 싫어졌다거나, 해 보고 싶은 것에 대해 꾸준히 기록한다면 어떻게 발전시킬 수 있는지에 대해서도 아이디어가 나오고 스스로 자극이 된다. 나의 소중한 일상, 소중한 취미라면 고정석 정도는 특별대우도 아니다. 오히려 특별대우 해 주자. 당신에게 힘을 주고 기분 좋게 해 주는 것이라면 더더욱 그렇다.

즐거운 일상의 기록은 작은 성공들, 작은 실패들이 모여 보물이 된다. 할 수 있을 땐 맘껏 기록하고, 힘들고 길을 잃은 것 같을 때, 펼쳐 보자. 드문드문 기록되어 있다고 부끄러울 일도 없다. 어차피 당신을 위한 선물이다. 보물을 묻어 놓았다가 찾아서 보면 짠 내도 나고 단내도 날 것 같다.

기록은 내 일상의 역사다. 꽉 찬 역사도 있고 여백이 많은 역사도 있다. 꽉 차면 그 일상은 할 말이 많다. 여백이 많다면 그만큼 기록 너머의 일상이 많았을 것이다. 노트를 사서 일기를 쓰겠다고 마음먹고 적어 놓은 노트를 발견해 봤는가? 일기를 쓰겠노라고 가슴 벅찬 다짐을 하고 그날 있었던 일, 계획을 적어 놓은 살아 있는 기록. 다음 장을 넘기고 나머지 장들을 뒤적여도 다음 글이 없다. 희한하게 아깝다거나, '왜 이것밖에 안 썼어?'라고 나를 책망하지 않았다는 것이다. 웃음이 나왔다. 일기장 사서 하루 쓰고 만족했구나. 빈 페이지들에 담긴 수많은 언어조차도 내게는 기록이었구나.

어떤 기록은 시작부터 매일 매일을 겨냥한다. 매일 쓰고자 한 것이다. 기록하고자 하는 것이 날짜 기반이라면 날짜가 쓰인 노트를 쓰면 된다. 반대로 날짜까지 적어놓고 안 빠지겠다고 표시까지 해놓은 노트도 있다. '며칠은 기록이 없고 며칠 지나서야 몇 줄이 있다.' '바빴구나.' '오! 이날은 이걸 했구나.' '글 대신 그림을 그렸네.' 등등 작은 행적들이 주는 아련하고 편안한 기분을 언젠가는 느껴 보게 되길 추천한다.

기록이 즐거운 일상에 어떤 도움이 될 것인가? 나에게 즐거움, 신남, 슬픔, 도전, 망설임 등 다양한 모습, 감정, 다짐을 기록한다. 기록은 지금 하는 것이고, 덕은 '지금' 그리고 '나중'에 본다. 과거를 위한 기록이 아니라 지금의 나, 그리고 미래에 그 기록을 보게 될 그 순간의 나를 위한 것이다. 나를 위한 안전장치들이다. 내가 오뚝이처럼 일어날 수 있는 안전장치가 기록이다.

다섯 번째 :
내 즐거움을 다른 사람들과 나눈다

나 혼자 알고 싶은 맛집이 있는가? 맛있는 집이나 분위기 있는 곳
은 은근히 자랑하고 싶다. 좋은 책, 강의, 공연, 영화도 마찬가지다. 내
가 좋아하는 것을 나누고 싶고 떠오르는 사람이 있는가?

엄마와 함께 감성 시 쓰기 수업을 듣기 시작했다. 커피 시인 윤보영
시인이 비대면으로 하시는 수업이다. 시 쓰기 수업을 들으려고 한다
고 엄마에게 자랑했다. 엄마가 시 쓰기를 좋아하신다. 대학 때도, 교사
생활하면서도 엄마는 가끔 시를 쓰시곤 했다. 엄마에게는 시가 들어
있다. 내가 배우고 싶다면, 엄마도 왠지 하고 싶을 것 같았다. 시 쓰고
싶은 엄마 마음에 불을 질렀다. 수업 듣고 싶어 하셨고 오랜만에 설레
는 엄마의 떨림을 들었다. 비대면으로 하는 것은 익숙하지 않으셔서
머뭇거리셨을 뿐이다. 시 쓰기 강의 듣고 싶으신지, 다시 물어봤다. 엄
마는 설레고 있었다. 엄마 수강료를 내가 내도 될지 여쭤봤다. 나도 엄
마랑 수업을 듣고 싶었다. 수업을 빙자하여 엄마 얼굴을 볼 수 있다.
대면 수업이었다면 더 좋았겠지. 비대면이라도 줌으로 접속하여 얼굴

을 보면서 하는 것이라 좋다.

수업 시작하는 날, 줌 수업에 들어가는 방법을 모르셔서 다운로드하고 설치하는 것부터 전화로 설명해가며 준비했다. 혹시 부모님이 하고 싶으신데, 기술적인 망설임이 있으시다면, 뵈러 갈 때마다 기본적인 세팅을 해 드릴 것을 추천한다.

잘 안 되는 부분이 있어서 엄마가 지치셨다. 컴퓨터란 놈이 그런 면이 있다. 간단할 것 같은데 애를 먹인다. 위기였다. 엄마가 하고 싶어 하시는 것을 위해 꼭 준비해 둬야 하는데 잘 안 되어 답답했다. 몇 시간 후, 다시 통화했다. 엄마가 하도 화딱지가 나서 집에서 나가셨다고 하셨다. 좀 걷다보니 화가 가라앉았다고 하시며, 다시 시도하셨다. 다행히 잘 설치가 되었다. 엄마랑 줌으로 연결해서 화상 통화를 했다. 카카오톡 비디오콜하는 것과는 느낌이 달랐다. 어렵게 연결해서 그런 것 같다. 이제 뿔뿔이 각자의 자리에서 잘 살고 있는 가족들과 줌 모임을 추진해도 되겠다. 가족 줌 모임은 세대를 아울러야 하기 때문에 필요하다 느껴야 하고 즐거워야 동기가 생긴다. 안 해본 것은 번거롭고 어렵다고 느껴져서 시작이 어렵다. 줌으로 손주들이 공연이라도 해야 할 것 같다.

온라인 강의에 가면 60~70대 젊은 어른들이 계신다. 컴퓨터나 핸드폰으로 들어오셔서 열정을 빛내신다. 기술적 심리적 장벽을 극복하시고 리더로서 활동하시는 분들도 처음 온라인 나들이가 악몽일 수도 있다. 대면 수업이라면 옆에서 도와드릴 분이 분명 있다. 비대면은 보이지 않아 직접적인 도움이 어렵다.

드디어 수업 시간 10분 전, 어찌 된 일인지 엄마가 접속을 안 하신다. 애가 탄다. 전화해보니 컴퓨터가 업데이트를 한다면서 몇 분째 업데이트 몇 퍼센트 됐네 하며 화면이 안 넘어간다고 하신다. 아오… 컴퓨터가 왜 이리 도움이 안 되는가? 수업은 시작되었고 엄마 컴퓨터는 아직 로딩 중. 속이 바짝 타들어 갔다. 수업 시작하기 전에 각자 소개하는 시간을 가졌는데, 엄마가 안 들어오니까 모든 것이 편안하지가 않고 귀에 안 들어왔다. 수업은 시작되었고 몇 분간 못 들어오고 계셨다. 극적으로 컴퓨터가 다시 켜지고 수업에 들어올 수 있었다.

(하고 싶은데 안 되니 애가 탔다. 불편한 일이다. 화도 난다. 감정도 없는 컴퓨터가 무척 감정 있게 느껴진다. 나한테 왜 이래? 하면서 말이다.)

시 쓰기 강의를 함께 나누고 싶다는 내 마음이 계속 작용했다. 그리고 하고 싶은 엄마의 마음도 통했다. 나는 엄마의 열정을 지켜 주고 싶었다. 엄마가 화면에 보이니 마음이 편안해졌다. 감성도 살아나는 기분이었다. 시 한번 보고 엄마 얼굴 한 번 보고, 내가 좋아하는 것을 함께 한다는 것이 행복했다.

행복한 마음으로 수업을 듣고 나니 기분이 살랑살랑 붕 떴다. 생각나는 대로 메모를 시작했다. 엄마랑 통화하면서도 메모했다. 어쩌면 통화하는 것 자체가 시가 될 것 같은 기분이 들었다. 감성을 툭 건드려 놓은 것 같이 어딘가가 툭 터진 기분이었다.

엄마와 비대면 수업을 같이 수강하면서 느끼는 내 마음을 담았다.

그저 상황을 메모하고 거기에 내가 느끼는 것을 적었다. 윤보영 시인이 가르쳐주시는 감성 시는 일상이 시가 된다. 나누는 것에 대한 내 마음이 이 네 줄에 담긴다. 내 마음에 엄마는 시다.

시 / 김라미
엄마 한 번 보고
시 한 번 보고
내 마음에
엄마가 시다.

극적으로 수업이 끝났다. 하지만 그것으로 끝나지 않았다. 여운이 남아 전화 통화를 하면서 이런저런 이야기를 했다. 함께 수업을 듣고 나니 이야깃거리도 달라진다. 며칠 전에 주문해서 보낸 귤 얘기를 했다. 배송이 출발했다는 소식을 전했다. "엄마 귤이 출발했다네. 이것도 시로 쓰면 되겠어!"

귤 / 김라미
보낸 이
귤은 제주도를 출발했고 너에게로 가는 중이다.
받는 이
귤은 제주도를 출발했다 하고 나에게로 오는 중이다.

엄마랑 시집을 함께 내면 세트로 쓰는 것은 어떻겠냐고 말씀드렸다. 귤을 보내고, 귤을 받는 것처럼 시를 보내고 시를 받았다. 주고받는 시, 엄마와 딸이 시를 주고받는 것이다. 그리고 그것이 시집이 된다. 왠지 낭만적이다.

며칠 후, 엄마가 카톡으로 시를 보내 주셨다.

귤 / 김인숙

딸이

보냈다는

귤

한 박스

언제 오나

방문 열어 놓고 자꾸

내다본다

내게 먼저 온 너의 마음

뭉클했다. 툭 던진 말인데, 이렇게 시가 되어 돌아왔다. 엄마는 시를 쓰셔야겠구나, 이제까지 안 쓰시고 뭐했나 했다. 시집 공저를 준비하면서 엄마가 꾸준히 시를 쓰고 계셨다는 것을 알았다. 엄마 안에 있는 것, 엄마가 느끼는 것, 엄마의 일상을 시로 내보내셨으면 좋겠다. 사람들과 나누면 좋겠다.

시 메모에 대한 첨삭 수업을 하면서 또 다른 시가 된다. 시에는 시라는 말을 사용하기 보다는 꽃이나 풀잎 등으로 바꾸어보라고 한다. 그래서 엄마를 보며 수업을 받던 내 마음을 쓴 글을 고쳐 써 봤다.

꽃 / 김라미
꽃 한 번 보고
엄마 생각하고
꽃 한 번 보고
엄마 생각하고

엄마 얼굴이
꽃으로 핀다
내 마음에
엄마가 꽃이다.
내 가슴에
두고두고 보라며
꽃밭을 만든다.

시쓰기 수업을 하면서 시에 관해 이야기하게 되었다. 공통 주제라는 것은 참 놀랍다. 엄마랑 전화 통화 하는 주제가 그리 많지 않았다. 보통 하는 밥은 먹었니, 뭐 하니, 애들은 어떻게 지내니, 운동은 하니,

지난번에 보니 살이 좀 쪘더라, 요즘 뭐가 제철이라는데 그것도 좀 먹어 봐라 등등 시시콜콜 일상이며, 그리 특별하지도 평범하지도 않은 주제들이다. 그러다가 시 쓰기가 공통 소재가 되었다. 엄마와 전화 통화할 때도, 엄마랑 만날 때도 시에 대해 이야기를 한다.

엄마가 블로그를 해 보고 싶으시다고 하셨다. '그냥 블로그 하면 되지…' 했는데, 개설하는 것부터 위화감이 느껴지셨나 보다. 엄마 집에 가서 블로그 시작하기부터 해서, 글 올리는 법, 사진 입력하는 법, 사진 편집하는 법까지 풀 코스로 알려 드렸다. 수업 시간에 쓰신 시들은 엄마 핸드폰 메모장에 저장되어 있어서, 우선 그 시들을 블로그에 올리는 것을 했다.

엄마는 노트를 두 권 가지고 나오셨다. 엄마가 몇 년 전에 쓴 시가 몇 점 나왔다. 엄마도 놀라워하신다. 그 시들을 모아보니 스무 편이 넘었다. 어딘가에 메모해 두셨을 시들을 찾아봐야겠다. 블로그에 엄마가 쓰신 시와 함께 아버지가 찍으신 사진을 넣어서 올렸다. 아빠의 사진에는 출처도 표시했다. 엄마도 아빠도 흐뭇해하셨다. 엄마의 시가 블로그 시집으로 다시 태어나니 엄마 얼굴이 환해진다. "내 안에 시가 계속 있었구나!" 하고 즐거워하셨다.

"내가 계속 시를 쓰고 있었구나. 그러고 보니 중학교 때도 시를 써서 친구에게 편지로 보냈었어. 어느 날 그 친구에게서 전화가 왔지 뭐니. 나에게 보여줄 것이 있다고 했어. 육십 넘어 만나는 중학교 친구는 그 시절 모습을 담고 있더구나. 그 친구는 편지 한 통과 사진 한 장을 갖고 왔어. 내가 그 친구에게 보냈던 편지였어. 시를 써서 보냈더구나. 읽어보니 참 잘 썼더구나. 그리고 사진은 나랑 다른 친구 A랑 찍은 사진이었어. 옛날에 내가 친구들에게 '난 A랑 찍은 사진이 없어'하고 아쉬워했었다네. 그런데 그 친구가 나와 A가 찍은 사진을 갖고 있었다고 해. 그것이 수십 년이 지나도록 마음에 걸려서 이제야 준다고 하더라. 그 편지도 나 줄 수 있냐고 했는데, 자기가 갖고 있고 싶다고 하고 그냥 갔어."

엄마가 친구에게 쓴 시가 궁금했다. 그 오랜 세월, 중학교 친구와 엄마를 이어 주는 그 편지가 엄마 친구에게도 소중했다. 사진으로 찍어 두지 그랬냐고 하니, "그럴걸 그랬네." 하셨다. 다음에 만나면 꼭~ 사진 찍어 보여 달라고 부탁드렸다. 언제가 될지 모르지만, 엄마가 중학교 때 쓴 시를 읽으면, 중학교 시절로 돌아가 풋풋한 엄마를 만나게 되겠지?

좋아하는 공통 활동을 하면서 이야기의 폭이 확장된다. 평소에 꺼내지 못 했던 이야기들이 나오면서 서로를 조금 더 이해하게 된다. 상대가 보이는 열의와 관점을 보고 들으며 나에 대해 더 알게 되고 은은하면서도 즐거운 순간으로 남는다.

여섯 번째 :
당신이 한 모든 취미는 작품이다

시 수업을 듣고 동인시집을 냈다. 배움이 모여 책이 되니 신기하고 보람차다. 공저의 특성상 내 색깔을 내기에는 한계가 있었다. 일상과 이야기와 드로잉을 통해 나오는 내 감정을 담은 시여서 그림을 넣고 싶었다. 그게 나를 표현해 주는 길이다. 용기를 내어 내 시를 모으고 그림을 넣어 전자책을 발행했다. 그렇게 나온 시집이 라미작가의 드로잉 시집《마음의 온도》다. 시화집라고도 말할 수 있지만 '드로잉 시집'이라는 말을 썼다. 내 취미의 집약체다. 더 잘하려 꾸미지 않고 내가 가진 것으로만 채웠다. 처음엔 구글 프레젠테이션에 정사각형 용지에 작성했다. 종이책으로 만든다면 정사각형으로 하고 싶었다. PDF로 만들어 선물로 드리려는 심산도 있어 시작했다. 그리고 인스타그램이나 블로그에 시집 한 장 한 장이 정사각형 이미지로 나오면 별도로 가공할 수고를 덜겠다는 지극히 SNS적인 생각이었다. 그러다 ePub 형식으로 하는 게 전자책으로서는 더 가독성 있게 만들 수 있어서 맥북에 있는 Page 앱으로 다시 작성했다. 전자책 사이트에 올리며 오류가 나고서야 ePub 파일로 만드는 게 다가 아님을 알게 되었다. 해당 전자책 회사의 시스템과 호환돼야 한다.

《마음의 온도》 전자책을 미국에 계신 스승님이신 팔라조(Palazzo) 박사님께 보냈다. 시를 한국어로 썼지만 보내 드리고 싶은 마음이 급해서 그대로 보냈다. 영어로 조금씩 옮겨 보고 있다. 영어 제목은 Temperature of Heart라고 옮겼다. 팔라조(Palazzo) 박사님이 여러 언어로 번역되면 좋겠다며 축하와 격려를 해 주셨다.

Congratulations, Rami!

Your title "Temperature of Heart" is superb! The visuals accompanying your poems are beautifully descriptive. I look forward to translations into many languages to disseminate your writings to many populations.

_Dr. Palazzo.

"마음의 온도" 제목이 멋집니다! 시와 드로잉이 함께 있으니 아름답게 표현되었어요. 여러 언어로 번역되어 많은 사람들이 작품을 만날 수 있으면 좋겠습니다.

_팔라조 박사

영어로 시를 쓰고 싶다. 한국어로 쓰는 시와 영어로 쓰는 시는 같지 않다. 번역보다는 영어로 느끼고 다시 쓰는 것이 제대로 전하는 길이 라고 생각한다. 공저 시집을 내고 드로잉 시집을 전자책으로 내고 이 어지는 길에 또다시 영어로 시 쓰기다. 삶은 이처럼 연결 속에 있다.

힘들 때나 기쁠 때나 내보이고 싶은 사람이 있다. 삶을 대하는 긍 정의 자세를 심어 주신 분. 진심으로 기뻐하고 표현하시는 팔라조 (Palazzo) 박사님께 이 책을 어서 보내 드리고 싶다.

엄마와 함께 쓰는 시집은 아직 진행형이다. 다음 책이 엄마와 딸의 시집이 될 수도 있지 않을까? 예쁜 상상을 한다. 일상이 시가 되는 윤 보영 시인을 만나니, 메모마저도 작품인 것처럼 느껴진다. 어쩌겠는 가? 인간은 천재로 태어난다. 자라면서 많이 내려놓는다. 내 안의 어 딘가에 꼭꼭 숨겨 두었다가 필요할 때 하나씩 하나씩 가져다 쓰고 있 는 것인지도 모르겠다. 그 모든 것이 작품이라면, 잘 모아 둬야겠다. 누군가에게는 재미있고, 누군가에게는 감동이 될지 누가 아나?

예술작품만 작품이 아니다. 배드민턴 레슨을 받고 얼굴이 빨개지 고, 숨 가쁘도록 치고 돌아온 남편이 떠오른다. 해맑은 표정으로 기진 맥진해서 왔다. 매우 지쳐 있었지만, 그 뿌듯하고 행복한 표정이 아직 도 눈에 선하다. 그 모습이 내게는 작품으로 남아있다. 열정과 즐거움 이 담긴 그 에너지를 기억한다.

내가 그림을 배울 때마다 스스로 작품이라 이름 붙이는 그림이 하나 씩은 있다. 작품을 만들겠다는 마음이 있을 때 더 집중한다. 그 작품을 전시회에 출품한다. 넓은 의미에서 모든 연습이 작품이라 생각한다.

피카소가 그렇다. 피카소 같은 대가들은 연습한 그림들마저도 작품이다. 선을 그어도 내게는 중요한 과정이고 바탕이 되어 준다. 하지만 작품이라 하는 것은 내 활동의 열매 같은 존재다. 그래서인지 전시회에 출품해서 구매 문의가 오면 난감해진다. 판매용으로 전시를 하는 것이 아니기 때문이다. 그래도 기분은 좋다. 누군가 내 작품을 좋아해 준다는 것은 과찬이며 감동이다. 그래서 "눈"이라 이름 붙인 송아지 그림은 아직 집에 걸려 있다. 사실, 액자가 비싸다고 둘러댔다. 볼수록 뿌듯한 자식 같은 작품이다.

〈눈-김라미/종이에 연필/2010〉

〈화동미전 작품 전시, 2019〉

〈고대미전, 세종문화회관 전시실, 2010〉

대학교 다닐 때 학교에서 전시회를 했는데, 전시 장소를 빌려준 여학생회관에서 내 작품을 인수했다. 우리 동호회에서 그곳에서 전시할수 있게 하는 대신에 관장님이 선택한 작품을 제공하기로 했다는 것이다. 예상치 못하게 내 작품이 선택되었다. (그래도 된다면) 졸업할 때는 내가 다시 가져가는 조건부로 드릴걸 그랬다. 괜스레 몇 년이 지나먼지만 쌓이는 창고에 처박히는 것이 아닌가 하는 걱정이 들었었다.

이제라도 찾고 싶은 미련이 있다. 아마도 모든 작가가 그렇지 않을까? 판매는 하지만 유독 정이 가는 작품이 있다. 좋은 주인에게 사랑받기를 바라리라. 이제 내 작품은 거의 디지털로 하고 있으니 캔버스 지에 비슷한 조건으로 생산(?)해낼 수 있으니 그런 걱정이 덜하다. 천덕꾸러기가 되지 않기를 기원한다. 내 분신 같은 기분이 든다. 그리면서 즐겁고 행복하고 사랑했으므로….

귀를 괴롭게 하는 내 해금 연주마저도 나에겐 작품이다. 녹화해놓고 간간이 들어본다. 아름다워서 감상하는 것이 아니라, 얼마나 못하는지 감상한다. 얼굴이 빨개진다. 하지만 웃음이 나온다. 이해가 안 될 수도 있겠다. 유튜브에 올려 놓았는데, 제발 아무도 듣지 않기를 바라고 있다.

내 노력의 흔적이라는 의미 외에는 없다. 너무나 진지하게 못 하는 것도 능력이다. 결국 작품이란 나를 위한 것이다. 나를 괴롭게 하는 것은 작품이라 할 수 없다. 즐거웠다면 그 순간들이 작품이다. 더 배우라는 신호이기도 하고 오기가 생기게도 한다. 그래도 이왕이면 아름다운 소리를 내고 싶으니, 중간 작품이라고 우대하는 중이다.

해금 스승님을 찾아봐야겠다. 온라인에는 아무래도 한계가 있다. 옆에서 지도를 받는 것이 단연 효과가 있다. 방문해서 가르쳐 주시는 선생님들도 계시긴 하다. 아이가 청소년 국악관현악단 연습하러 갈 때 배워 보려고 했었다. 코로나로 모여서 연습조차 못 하니, 잠정 연기다.

초보의 작품, 고수의 작품, 자기만족의 작품일지라도 모든 취미는 작품이다. 오글거리겠지만, 당신이 작품이다. 태어날 때부터 당신은 세상 하나뿐인 작품이었다. 지금도 그렇다.

취미 교실이나 학원들이 발표회를 하고 전시회를 하는 것은 자기 자신을 칭찬하는 기회를 주기 위한 것이 아닐까? 발표회나 대회라는 목표를 정하고 하는 것과 배우기만 하는 것은 매우 다르다. 나 역시 발표하거나 전시한다는 동기부여가 있을 때 더 집중하고, 쥐어 짜낸다. 희열을 기억하기 때문이다. 해냈다는 느낌, 내 작품이 다른 사람들에게도 휴식이 되고 즐거움이 될 것이라는 생각에 보람을 느낀다.

철인대회나 마라톤대회에서의 기록, 영상, 사진 역시 작품의 일부다. 주위에 철인, 마라토너가 있어서 연습하는 과정을 보아왔다. 연습하는 과정과 도전하는 과정이 작품이다. 아름답다. 마라톤 대회에 나가기 위해 같은 코스를 미리 달려보며 지리를 익히고 달리는 감각을 체크하던 동생의 뒷모습도 내게는 참 인상적이고 멋진 작품이다. 옆에만 있어도 작품인데, 본인은 어떠랴?

코로나 이전까지 딸은 성남시 청소년 국악관현악단 '가현'에서 국악관현악 협주 연습을 했다. 거문고 연주를 하는 딸을 따라 매주 연습실에 모여 배우고 연주하던 50여 명의 단원들과 선생님들이 떠오른다. 악보를 보고 진지하게 배우고 연주하는 모습은 경이롭기까지 하다. 연주하는 소리 자체가 작품이다. 꼭 연주회를 해야 작품이 될까? 이들은 연습마다 정성스럽게 연주한다. 나는 그 순간들을 열정적으로 응원하고 감상했다. 아이를 기다리는 시간이 아니라 내가 즐기는 시간이다. 국악을 찾아 듣지 않던 나는 국악관현악 듣는 것이 좋아졌다. 가현의 선생님들이 국악을 널리 알리고 국악의 감성을 전하고자 했다면 나에게 성공했다.

연습 장면을 촬영하고 편집하고 유튜브에 올리며 다시 본다. 다시 느낀다. 이들이 매주 일요일 거르지 않고 연습한다. 매년 8월에 있는 정기연주회뿐만 아니라 지역 어르신께 연주를 들려 드릴 수 있는 재능기부 봉사 연주회를 위해서다. 1년 동안 새로운 곡을 추가해서 연습하면서 올해는 어떤 곡이 완성될까 기대가 되곤 했다. 연주하는 아이들도 그 무대를 상상하며 꾸준히 연주한다. 이들의 연주를 보고 듣고 촬영하고 편집하는 것이 내가 국악관현악을 즐기게 되는 계기다. 그래서인지 아직도 그 시절이 그립다. 그리운 마음에 작품을 떠올린다.

"모든 순간이 작품이었구나. 소중한 시간이구나."

오늘도 유튜브에서 성남시 청소년 국악관현악단 가현의 연주를 듣는다.

〈성남시청소년국악관현악단 가현 유튜브채널〉

삶은 오늘도 흐르고 있다. 일상 속에서 발견하는 나, 이제는 "언제 가장 즐거웠니?"에 멈칫하지 않을 수 있을까? 나를 인식하고 그대로의 나를 받아들이는 연습을 한다. 매일 반복되는 일상 속에서 제일 중요한 것은 바로 나라는 것을 알고 나니 힘이 난다.

지난 5월에 오른팔을 다쳐서 깁스를 하게 되었다. 좋아하는 그림을 8주간 못 그리게 되었다. 두 손 타이핑이 불가해졌다. 그러나 나는 다시 웃는다. 절망하지 않는다. 왼손이 이 기회에 힘 좀 쓰겠다고 나선다. 정교하거나 양손으로 힘을 써야 하는 일 외에는 왼손과 신체 각 부위를 이용해서 해내고 있다. 아픔은 점점 희석되고 견딜 만해지고 회복하고 있다는 안도감으로 희망이 된다.

결국 깁스를 풀고서야 깨달았다. 언제 건강하고 자유로웠니? 불편함을 느껴야 그제서야 '아이쿠 큰일이다! 뭐라도 해 봐!' 하며 신호를 보낸다. 내 마음에 감기처럼 왔던 즐거움을 인식하지 못하는 자괴감이 나를 돌아보게 했듯, 팔을 다쳐보고서야 내 몸을 더 자세히 인식한다. 너무나 당연했던 팔 돌리기가 안 되는 것을 느끼고 절망이라는 감정이 올라왔다. 절망은 희망으로 희망은 다짐과 실천으로 흐르게 한다. 내가 살 길을 찾는다.

눈물이 터졌던 "언제 가장 즐거웠니?"라는 질문에 대한 답은 내가 갖고 있다.

오늘도 나는 즐거운 일상을 선택한다.

내 여행은 바로 이 순간이다. 금방 지나가는 순간, 그 찰나에 내가 존재하고, 지금 이 순간은 늘 나다.

나를 위한 순간을 느끼고, 나를 위해 하는 모든 선택이 나를 이룬다.

| 참고 도서 |

- 《하버드 감정수업》, 쉬셴장, 와이즈맵
- 《트렌드 코리아 2021》, 김난도 외, 미래의 창
- 《미움받을 용기》, 기시미 이치로, 고가 후미타케, 인플루엔셜
- 《자존감 수업》, 윤홍균, 심플라이프
- 《적게 일하고 크게 어필하고 싶을 때 읽는 책 / 다 잘하고도 한소리 듣는 직장인을 위한 커리어 매뉴얼》, 김희양, 팜파스
- 《더 해빙》, p43, 홍주연, 수오서재
- 《인생이 마법처럼 풀리는 만다라 명상》, p47, 정연우, 라온북

| 고마움 |

〈지면 관계상 고마움을 별도로 표합니다〉

나를 지지하고 사랑해 주는 가족과 온오프라인으로 힘이 되어 주신 모든 분들께 고맙다는 말씀을 드립니다.

특히 최종 단계에서 교정·교열·윤문을 꼼꼼하게 해 주고 내 이야기를 들어 주며 칭찬과 공감을 해 준 딸, 위서연이 참 든든하고 고맙습니다.

원고 완성하기까지 믿고 기다려 주신 바이북스 윤옥초 대표님 긴 시간 동안 편안하게 글 쓸 수 있게 기다려 주셔서 고맙습니다.

예쁘게 편집해 주셔서 읽을 만해 보이게 만들어 주신 김태윤 편집장님과 이민영 디자이너님께도 감사드립니다.

'가장 즐거웠던 순간을 떠올릴 수 있나요?'라는 질문을 던져 주신 김영숙 상담선생님 고맙습니다.